DESCUBRA SU DESTINO EN SUS SUEÑOS

DR. HENRY PAPUS

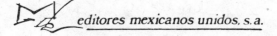 editores mexicanos unidos, s.a.

Editores Mexicanos Unidos, S.A.
Luis Gonzaléz Obregón 5-B
C.P. 06020 Tels: 521-88-70 al 74
Miembro de la Cámara Nacional
de la Industria Editorial, Reg. No. 115
La presentación y composición tipográficas
son propiedad de los editores

ISBN 968-15-1018-6

1a. Edición Octubre 1994.

Impreso en México
Printed in Mexico

¿QUE ES EL SUEÑO?

Al simple acto de dormir, se le llama *sueño*.

Pero es también la definición de representarse en la fantasía de una persona, mientras duerme, diversos sucesos o especies de casos y cosas, ajenos al pensamiento de quien está dormido.

Considerado simplemente el sueño como una función natural de todo ser viviente, reparadora del organismo, la mente se halla en un estado de inconsciencia que ayuda a compensar el desgaste normal durante sus horas de actividad, y tal proceso adviene en descanso, tranquilidad y beneficio del que lo disfruta. Mas, cuando ausente nuestra volición y discernimiento, la persona que duerme, bien sea por una leve psicosis o un estado de depresión nerviosa, ve representarse en su mente imágenes, situaciones, hechos, figuras o símbolos, que pueden ser motivo tanto de satisfacción como de pesadumbre, habremos de aplicarle en tal caso la definición de lo que consideramos como sueño representativo o "gráfico", cuya interpretación presentamos en este libro.

Sin duda alguna, todos soñamos. Aun los niños (según comprobaciones de Hildebrandt y Struempell, considerados como famosos oníricos, esto es, intérpretes de los sueños), también sueñan; si bien sus sueños, como es de suponer, no pueden ser los mimos que los de las personas mayores, ya que sus problemas, pensamientos y modo de comprender las cosas son distintos; y así vemos a un tierno infante que en su cuna parece dormir apaciblemente, despertar de pronto dando gritos y llorando, tal vez por habérsele representado en su mente la imagen de sus padres o de la niñera que le reprendieron, aun cariñosamente, por no querer tomar sus

5

alimentos, o ver que el perrito que le regalaron y con el que jugaba en la vida real, intenta morderle o "comérselo".

Como decíamos, todo ser humano sueña y en todos los tiempos y en todos los pueblos, los hombres se sorprendieron de la singularidad de los sueños y de la relación que éstos guardaban con determinados sucesos posteriores, estableciendo así, desde las épocas más remotas, una asociación entre lo que habían soñado y los acontecimientos que ocurrieron después, creándose de este modo una ciencia especial para interpretarlos.

La *onirología*, o ciencia que estudia los sueños, fue al principio como una explicación vulgar, cuyo significado o acepción del sueño corría a cargo de magos o hechiceros que, mediante evocaciones, conjuros y exorcismos, explicaban a su modo el sentido del ensueño de la persona que a ellos se dirigía, buscando una interpretación del mismo. Pero no olvidemos que los primeros hombres que se dedicaron a encontrar en hierbas y mejunjes el remedio para curar las dolencias o enfermedades de sus semejantes, tuvieron mucho de hechiceros y exorcistas y que, a través de los siglos, sus conocimientos se fueron consolidando, hasta llegar a convertirse la medicina en una verdadera ciencia, tan respetada por toda la humanidad.

Al paso del tiempo, han llegado hasta nuestros días infinidad de sueños proféticos que constan en las Sagradas Escrituras de los cristianos, en el Corán del mundo árabe, en el Ramayama de los indúes, en el Talmud de los hebreos y, en general, en los innumerables libros sobre religión e historia que se han escrito, en los cuales se presentan casos de sueños, avisos y predicciones cuya significación llegó a realizarse al ser interpretados y comprendidos por las personas que los tuvieron, o por medio de adivinos a quienes recurrían, salvando así vidas, liberando pueblos, previendo y evitando desastres, ganando batallas, consiguiendo honores y alcanzando altas cúspides en el poder o en la ciencia, guiados por una premonición onírica que supieron "leer", considerar y llevar a cabo en beneficio o triunfo general o particular.

La Historia Sagrada nos habla de la interpretación dada por José al sueño del Faraón. Las siete vacas gordas, sucedidas por otras siete flacas que devoraron a las primeras, constituyen una sustitución simbólica de la predicción de siete años de hambre que habrían de consumir la abundancia que otros siete de prósperas cosechas se produjeran en Egipto.

Mahoma, profeta de Alá, el dios de los árabes, tuvo lo que los biógrafos llaman las "veraces visiones" (*al ruiá al sadiga*), sueños felices que le llenaban el corazón de tranquilidad y optimismo. Los místicos, tanto musulmanes como cristianos, que experimentan parecidos estados de exaltación del alma, dicen que el estado de las "veraces visiones" es preludio de la iluminación espiritual (*al ichaq*) que significa la unión con Dios.

Cierta vez, rezando en el monte, escuchando una voz diciendo: "¡Predica!", se quedó pasmado y callado; pero cuando volvió a oír esa extraña voz que le dice "¡Predica!", contestó: "¿Pero qué he de predicar?"

"Predica en el nombre de tu Señor que te creó y creó al hombre de un coágulo de sangre; predica, pues, que tu Señor es el más generoso y que es quien enseñó al hombre lo que no conocía."

Y siguiendo los mandatos de Alá, Mahoma se dedicó a predicar la doctrina del "Dios de los creyentes", redactada por él, aunque atribuida por el Profeta al mismo Alá, escribiendo en el Corán ("*Alcorán*"), el libro sagrado de los árabes, todos los preceptos y mandamientos dictados por el "Dios único y misericordioso', que pronto se extendieron por el oeste y el sur de Asia, hasta los confines de la China y de la India y aun del Africa Central, llegando incluso a la Península Ibérica con la denominación de "Islam" (*Salvación*), islamismo o mahometismo.

En cuanto a Buda (el Iluminado) o *Sakiamuni* (el Solitario de los sakias), quien tomó el nombre de la tribu donde nació, también tuvo una visión con la cual reconoció la causa de la existencia, de la vejez y de la muerte, así como el medio de liberarse de todo ello para siempre, fundando una religión que se llamó Budismo (V siglos antes de J. C.) y que hoy cuenta con más de 600 millones de adeptos.

Y así, en cualesquiera de las religiones que actualmente existen en la faz de la tierra, o las grandes filosofías de hombres sabios que esparcieron por doquier sentimientos de paz y de bondad para con el prójimo, sus fundadores o teorizantes fueron inspirados por sueños que tuvieron, sabiéndolos interpretar con hermosos conceptos de amor y de comprensión para los hombres.

Y es que en cada sueño siempre hay como una advertencia o consejo velado, "algo" que *sabiéndolo comprender* llega a verificarse, si no en el presente, en un futuro más o menos próximo, en un mediato o inmediato momento en que pueden convertirse en sorprendentes realidades. Incluso el simple hecho de soñar en cosas y sucesos, al parecer ordinarios y comunes en la vida habitual y consciente, su significado, bien interpretado, puede aportar interesantes avisos y consejos que orienten, guíen o pongan en guardia a las personas que los hayan soñado, preparándoles para seguir los dictados oniománticos que se revelen en su sueño.

Hay muchas personas que no creen en la interpretación, sentido y acierto que puedan tener los sueños, considerando que ello no es más que una torpe superstición. Pero todos nosotros, sin excepción alguna, hemos soñado en *cosas, situaciones y acontecimientos* que posteriormente han tenido lugar o se han realizado.

Esta ENCICLOPEDIA DE LOS SUEÑOS, estamos seguros de que es la más completa interpretación de lo que todos los humanos soñamos, editada en la América Latina, la cual ofrecemos con amor y comprensión a nuestros lectores.

No es nuestro deseo vanagloriarnos por la presentación de este libro que llega a su hogar y se puede leer y consultar con toda dedicación, seguridad y confianza. Porque en esta obra, todo lo que aparece en ella, se dice y explica como fruto de ímprobas recopilaciones y trabajos de lo que otras plumas competentes en la materia han escrito con respecto al significado de los sueños a través de los tiempos.

Para llevarlo a cabo, el autor tuvo que leer y consultar muchos y diversos libros escritos por personas que han llegado a ser famosas en esta ciencia onírica, fuentes fundamentales y de gran conocimiento y competencia, tales como Artemidoro de Dalcis, Volhalt, Marvy, Hildebrandt, Struempell, Freud y el gran egiptólogo Nisso Adouth, quien fue profesor en Ciencias e Historia Antigua de la Universidad de El Cairo, digno sucesor de Juan Francisco Champollión, el arqueólogo francés que fue el primero que consiguió descifrar los jeroglíficos del antiguo Egipto, aportando al mundo occidental grandes conocimientos de la historia del pueblo egipcio, costumbres y hechos del mismo, relatos de batallas y conquistas que se llevaron a cabo. Y, también, sueños de faraones, interpretados por los sacerdotes de Anubis, dios del cielo y de los infiernos, y de Horus, quien lo fue de la Medicina y del arte de la adivinación.

DR. PAPUS

UNAS BREVES PALABRAS DE AMOR Y DE COMPRENSION

Estimado lector:

Sólo unas breves palabras permitiéndome hacerle una interesante observación, que habrá de tener presente al recurrir a consultar este libro, buscando la definición del sueño que usted haya tenido y cuya significación desea conocer.

Si en su interpretación onírica se presentan pronósticos desagradables, esto es, que su sueño le anuncia obstáculos, inconvenientes, perjuicios o desgracias, tengamos en cuenta que todos los males (o bienes) a que estamos sujetos los humanos, dimanan del Ser Supremo que rige nuestro destino y sólo El, con su Infinita Sabiduría, es el Unico quien, con nuestra fe y devoción, puede mitigar cuanto de malo, tal vez por merecérnoslo, nos enviare.

Mas no por eso hemos de desmayar ni menos perder la confianza, no apartándonos nunca de Dios, quien jamás abandona a quienes le aman.

¡Sursum corda!

J. F. F.

A

ABADIA.—Soñar con ella significa inquietudes morales, intelectuales o sentimentales. Pero si sueña que la abadía está en ruinas tenga por seguro que sus penas o dificultades terminarán en breve plazo.

ABANDONADO.—Soñar que nos abandonan en actos, situaciones difíciles de nuestra vida, o bien en un camino o paraje solitario, es aciago signo de que la tristeza invade nuestra alma. Pero, desde luego, podremos salir avante, teniendo fortaleza en el corazón y la mayor voluntad de vencer.

ABANDONO.—Abandonar a la esposa, hijos o familiares, es sueño que habrá de ponernos en guardia para rectificar nuestra mala conducta. Si se trata de animales u objetos personales, procuremos cuidar nuestra salud. En cambio, si nos abandonan personas ricas y pudientes, nuestra situación mejorará notablemente.

ABANICO. Tener un abanico en la mano, siendo una mujer quien sueña, le esperan perfidias y rivalidades que pueden terminar en matrimonio. Pero si el abanico está roto, recibirá desengaños. Ver un abanico o estar abanicándose con él, significa contrariedades o desavenencias, las cuales podrán vencerse y resolverse siempre que nos lo propongamos con firmeza.

ABATIMIENTO.—Aunque soñar que uno se siente abatido demuestra carácter apocado, no deberá sentir desánimo por los reveses que pueda tener, ya que éstos se vencen con la perseverancia.

ABEJAS.—Son señal de dinero y de prosperidad. Si nos pican, algún pariente o amigo nos perjudicará. Matar una abeja acarrea desgracia. Si nos ofrecen su miel, prosperidad en el hogar. Nos espera un bienestar, no sólo en lo particular, sino en el seno de la familia, como corolario de nuestro trabajo honrado y constancia en desearlo.

ABISMO.—Caer en él presagia grandes desgracias; pero si logra salvarse, se librará de un grave peligro que le acecha.

ABOGADO.—Soñar con él es señal de malas noticias, así como platicar con él demuestra que perderá el tiempo. Si éste defiende alguna causa o juicio que le atañe a usted, malas consecuencias. Este sueño le avisa que debe cuidar sus intereses y no confiar con cierta persona que le rodea y mucho le agasaja.

ABORTO.—Soñar una mujer que tiene o se provoca un aborto, es anuncio de grandes contrariedades y desgracias.

ABRAZAR.—Este acto que se le represente en sueños, tanto si lo ejecuta con familiares o amigos, es cierto indicio de amor y de paz con las personas a quienes abraza. Si a quien abraza es una mujer, buena suerte.

ABREVADERO.—Verlo es signo de tranquilidad. Abrevarse en él, pérdida de dinero aunque no muy cuantiosa. Si beben animales, presagio de gratas noticias. Con el agua clara, símbolo de alegría; turbia, indica la llegada al mundo de un familiar.

ABRIGO.—Llevarlo puesto es aviso de que recibirá malas noticias.

ABUELOS.—Soñar con un abuelo sonriente (o antepasados familiares) significa satisfacciones; verlo triste, amarguras. Soñar con los dos, deben recordarle el cumplimiento de un trabajo o promesa olvidados.

ABUNDANCIA.—Si en el sueño aparece que una persona posee abundancia en bienes, debe esperar todo lo contrario, ya que tendrá que sufrir penalidades y escaseces.

ACACIA.—Verla, significa amor leal y nobles afectos. En cambio, si la huele, anuncia noticias desagradables.

14

A

ACCIDENTE.—Sufrir un accidente no es de buen presagio, pero si logra evitarlo, no correrá peligro alguno.

ACEITE.—Derramarlo es de grave presagio; si lo toma, estará usted en peligro de enfermarse. Si lo fricciona a alguna persona, no tardará en tener que ayudarla; si se lo untan a usted, pronto recibirá la amistad o apoyo de quien lo hace.

ACEITUNAS.—Tendrá paz y tranquilidad con quienes le rodean.

ACOMPAÑAR.—Paseando con alguien es de mal augurio. Acompañar al piano u otro instrumento, estemos preparados para recibir confidencias de una persona, las cuales no habremos de divulgar para evitar el tener que arrepentirnos de nuestra indiscreción.

ACORDEON.—Tocarlo asegura éxito en asuntos amorosos. Si lo escucha, recibirán sus oídos secretos de enamorados. También puede augurar una fiesta familiar cercana.

ACOSTARSE.—Con persona desconocida y de otro sexo, indica obstáculos en sus negocios. Con su esposo, malas noticias; con la esposa, alegría y felicidad.

ACROBATA.—Es símbolo de buena salud, pero si sus acrobacias fracasan, pérdida de dinero y perjuicios. En cambio, si es usted quien practica las acrobacias, triunfará en un asunto o negocio que le parecía aventurado.

ACTOR. ACTRIZ.—Si es usted quien actúa, tendrá probabilidades de éxito en sus asuntos. Soñar con actores, simple signo de placeres y diversiones; pero si éstos son conocidos y populares, ha de procurar reconciliarse con la persona a quien haya ofendido o despreciado recientemente. Procure evitar ningún juego de azar.

ACUARIO.—Magnífico sueño, presagio de fortuna y de felicidad perdurables.

ACUEDUCTO.—Anuncia magníficos viajes, pero siempre que el acueducto esté en buen estado de conservación. Por otra parte, desconfíe de supuestos amigos que pueden perjudicarle.

ACUSADO.—Vale más ser acusado que acusar. En el primer caso es un presagio feliz; en el segundo augurio de fracasos y de inquietudes.

ADIC N.—Si soñamos que estamos sumando, procuremos evitar cualquier clase de juego, ya que la suerte nos volverá la espalda.

ADIOS.—Si es que nos despedimos de una persona, no tardaremos en volverla a ver. Recibir adioses, significa el alejamiento de alguien que no nos es grato.

ADMIRACION.—Si quien sueña es admirado, es señal lisonjera. En cambio, si es quien sueña el que admira a alguien, se hallará en situación desagradable.

ADOLESCENTE.—Este sueño sólo tiene definición para las mujeres, a quienes vaticina, si el jovencito es moreno, perfecta salud, y si es rubio, prosperidad y felicidades.

ADOPCION.—La persona que adopta a una criatura tiene el significado de que merecerá la simpatía de las gentes que le rodean y tratan.

ADULTERIO.—Futuros inconvenientes; acontecimientos desgraciados.

AFEITARSE.—Si usted afeita a otra persona o bien es usted mismo quien lo hace, es señal de pérdidas, tanto en salud, honores o bienes.

AFILADOR.—El estar una persona afilando, advierte pérdida de una buena amistad. Si es otra quien lo hace, motivo de disgustos. Si se trata del propio afilador, su sueño será de buen augurio.

AFLICCION.—Si es usted quien sueña tenerla, triunfará sobre malvados enemigos que le acechan.

AFRENTA.—Si en su sueño es usted quien la sufre, pronto habrá de beneficiarse con un éxito inesperado. En cambio, si afrenta a otra persona, procure guardarse de un grave peligro.

AGATA.—Sufrirá una leve enfermedad no tardando, después de su mejoría, en recibir un regalo de una persona amada.

AGENCIA.—Puede que este sueño le acarree dificultades o desengaños de personas allegadas a usted.

AGITACION.—Si es usted quien la sufre, espere un próximo bienestar, particularmente en dinero.

AGONIA.—Verse agonizar uno mismo, indicio de buena salud. Ver a otra persona, señal de que alguien piensa en usted tratando de favorecerle.

AGRESION.—Si a usted lo agreden, espere un aumento en su caudal. Si es usted quien lo hace, tendrá fallos en sus proyectos.

AGRICULTOR.—Grato sueño que le augura salud y felicidad. Llegada de buenas noticias.

AGUA.—En sueños, el agua simboliza la vida. Si la bebe fría, gozará de tranquilidad y de buenas amistades. Caliente, indica sinsabores y desengaños de sus enemigos. Si el agua es estancada y sucia, grave enfermedad. Caminar por encima del agua, felices acontecimientos. Derramarla, disgustos y penas. Nadar, augurio de gratas diversiones.

AGUILA.—Verla volar, significa ventura y que sus esperanzas no tardarán en realizarse. Matarla, augura peligros. Si os ataca, grave accidente. Montar sobre ella, peligro de muerte.

AGUINALDO.—Si usted lo recibe, sufrirá sinsabores; si es usted quien lo ofrece, señal de codicia.

AGUJA.—Pincharse con una aguja señala contrariedades en nuestro trabajo o empleo, máxime si está rota. Si sueña con agujas de tejer, chismes y maledicencias. Si enhebra una aguja, tendrá suerte en sus negocios.

AGUJERO.—Si sueña que su casa está llena de agujeros, es aviso de que algún familiar suyo realizará un próximo viaje.

AHOGADO.—Soñar que es usted quien se ahoga, es augurio de ganancias en sus negocios. Si se trata de otra persona, señal de triunfos y éxitos .

AHORCADO.—Siendo usted quien pende de una horca, le traerá satisfacciones amorosas. Si se trata de otra persona, las satisfacciones las recibirá en forma de mejoramiento en su actual posición.

AIRE.—Aire puro augura reconciliaciones, amistades y mucha prosperidad para la persona que sueña. Respirar aire perfumado por las flores de un jardín, vida sana y provechosa. En cambio, el aire mefítico, señala próximas enfermedades.

AJEDREZ.—Jugar al ajedrez vaticina altercado con alguno de sus amigos.

AJO.—Si usted sueña que los come, señal de que se avecinan riñas y altercados. Olerlos o sentir su aliento, revelación de secretos. Si alguna persona se los ofrece, no tardará en recibir un desengaño de algún buen amigo a quien usted quiere.

ALA.—Tener alas, simboliza un notable mejoramiento en su estado. Si es usted quien vuela, tendrá éxito en cualquier negocio que emprenda. Alas de ave de rapiña, señalan su triunfo sobre un daño; de ave doméstica, paz y tranquilidad.

ALACRAN.—Soñar con un alacrán es augurio de inquietudes y angustias. Sin embargo, si usted lo mata, su situación financiera mejorará notablemente, bien sea por lotería, herencia o regalo inesperado.

ALBAÑIL.—Desazones y fatigas. Esperanzas sin logro alguno.

ALBONDIGAS.—Si es usted quien las come, pronto tendrá una desagradable experiencia. Si las prepara para comerlas, deberá preocuparse por su trabajo o negocio.

ALCACHOFAS.—No es un sueño muy agradable. Plantarlas, recolectarlas o comerlas, denota infidelidad de una persona a quien mucho ama. Si están resecas, fallecimiento de un familiar o amigo.

A

ALCATRAZ.—Toda persona soltera que sueñe con alcatraces, deberá esperar decepciones sentimentales, tanto por parte de la novia como del pretendiente.

ALCOHOL.—Buen sueño. Quemarlo, significa alegría. Si se lo aplica en masaje, aumento de dinero.

ALEGRIA.—Recibiréis una mala noticia durante el día.

ALFILER.—Soñar con alfileres es malo, ya que sus enemigos pueden causarle sinsabores y desgracias. Si se pincha con un alfiler, tendrá una pequeña desavenencia.

ALFOMBRA.—Ver una alfombra, indica peligro de enfermedad gástrica producida por alteraciones del sistema nervioso; y si sueña que la está barriendo, perturbaciones mentales. Pero si siente que camina sobre ella, indica bienestar y tranquilidad.

ALGODON.—Ver algodón es anuncio de que sufrirá una dolencia sin graves consecuencias; pero si lo manosea, su enfermedad puede ponerle en gran peligro.

ALMA.—Verla entrar en el cielo, es señal de muy buenos presagios, pues esto significa que usted es persona buena y amada por familiares y amigos.

ALMACEN.—Soñar con un almacén, es símbolo de salud y bienestar.

ALMANAQUE.—Debe procurar llevar una conducta arreglada y serena, suprimiendo gastos superfluos, para evitar hallarse en una mala situación. Pronto recibirá una agradable sorpresa.

ALMENDRAS.—Ver el árbol, es grata premonición, máxime cuando éste está florido. Comerlas, tendrá obstáculos inesperados, los cuales podrá vencer con su buena conducta.

ALMOHADA.—Significa reanudación de relaciones amorosas, pero si la almohada en que sueña no es la suya, recibirá asechanzas y desazones.

ALONDRA.—Si está en pleno vuelo, presagio de elevación y de buena fortuna. Posada en el suelo, bruscos cambios en su trabajo.

ALTAR.—Construirlo, señal de satisfacciones; derribarlo, presagia penas y desengaños.

AMATISTA.—Suerte en los negocios, brillante posición.

AMAZONA.—Soñar con las antiguas amazonas, procure evitar, si usted es soltero, la elección de la mujer que desea por esposa.

AMBULANCIA.—No tardarás en conocer la muerte violenta de alguna persona querida.

AMIGOS.—Si estás con ellos en plan de fiesta, pronto romperás con alguno de ellos.

AMOR.—Amar a una persona de distinto sexo y ser rechazado por ella, indica una garantía de esperanza. Si la persona con quien sueña que ama es rubia, tenga cuidado de que no le traicione. Si es morena, le amenaza un peligro debido a un accidente. Amar a una vieja, o un viejo, significa tribulaciones.

AMPUTACION.—Si quien la sueña la sufre, presagio de pérdida de bienes. Verla practicar, muerte de un ser querido.

ANDAMIO.—Soñar con andamios es símbolo de ruinosos negocios.

ANGEL.—Si en los sueños aparecen ángeles, siempre traerán buenos presagios. Soñar con uno solo, significa que tendremos una poderosa protección que nos ayudará a obtener riquezas y honores. Verlo volar, es símbolo de prosperidad y de goces. Si son varios, tendremos que rectificar nuestra conducta para lograr su maravillosa protección.

ANIMALES.—Si sueñas que estás alimentándolos, buena fortuna y prosperidades. Si sólo los ves, aviso de noticias de personas ausentes.

ANTEOJOS.—Presagian desgracias o tristeza.

ANTEPASADOS.—Recordándolos en sueños, desgracia familiar. Verlos, disgustos promovidos por parientes.

A

ANTIGÜEDADES.—Pronto recibirás ayuda de un alto personaje. Si a uno le roban una antigüedad, esto indica que la persona que actualmente más le ayuda y protege, se separará mal aconsejada por otra. Si la que sueña es una señora viuda interprete tal sueño como un aviso de que volverá a casarse de nuevo.

ANTORCHA.—Si está encendida, recibiremos una recompensa; apagada, intervenciones con la justicia.

ANUNCIO.—Soñar que se leen anuncios, es signo de fracaso en sus negocios. Poner uno, bien sea en un periódico o pegado en una pared, indica mejora paulatina de situación. Si los arranca, procure tener cuidado de alguien que trata de engañarle.

ANZUELO.—Es síntoma de que no tardará en recibir noticias sobre desagradables asuntos relacionados con su matrimonio.

APENDICE.—Tener en sueños dolores de apéndice, indica próximo matrimonio, si es persona soltera quien lo sueña. En el caso de estar casada, deseos de ser más amada por su cónyuge.

APIO.—Si usted sueña que come apio, pronto habrán de presentársele graves preocupaciones en su vida. Si sólo lo ve, es anuncio de infidelidad conyugal.

APUESTA.—Procure no cometer ninguna ligereza que puede perjudicarle.

ARADO.—Simplemente verlo, es señal de ahorro de dinero. Si lo maneja, indica prosperidad en sus asuntos.

ARAÑA.—Soñar que está tejiendo su red, es premonición de calumnias y de líos judiciales. Si la mata, desenmascarará a los enemigos que le rodean.

ARBOL.—Cubierto por sus hojas, anuncia la continuidad de la situación en que vive usted actualmente. Seco y sin hojas, indica que pasará muchas contrariedades y se verá involucrado en lamentables situaciones. Habitado por pájaros, es señal de éxitos, pero si éstos son negros deberá cuidarse de las gentes envidiosas.

ARCA.—Si se sueña con la de Noé, pronto tendrá noticias de una muerte inesperada.

ARCO.—Disparar una flecha con el arco, señal de consuelo y alivio de sus penas.

ARCO IRIS.—Tiene un bello significado de paz y de tranquilidad, en particular para todos aquellos que lo sueñan y ya son personas mayores. Si lo ve por el Oriente, representa dicha para los pobres y enfermos; por el Occidente, sólo es de feliz augurio para los ricos.

ARENA.—Soñar que pasea descalzo sobre la arena significa que pronto recibirá una infausta noticia referente a un familiar suyo muy querido. Si recoge arena para llenar con ella algunos costales, la fortuna no tardará en visitarle.

ARETES.—Si los aretes son de valor, de oro y con piedras preciosas, son un aviso para la mujer que sueña con ellos de deshonor que no se imagina ni espera. Si es casada, tendrá grandes disgustos con su esposo, a menos que ésta, con su prudencia y cariñoso trato con él, procure evitarlos.

ARGOLLA.—Soñar con ella significa que triunfará sobre todas las asechanzas. Estar atado a ella, indica compromisos.

ARLEQUIN.—Si en sus sueños aparece un arlequín, tenga por seguro que sus actuales penas desaparecerán como por encanto. Cuídese de travesuras de mujeres.

ARMADURA.—Verla, indica dificultades. Llevarla puesta, deberá tener prudencia en sus casos y asuntos. Si se la quita, terminarán sus problemas.

ARMARIO.—Si está cerrado pronostica riquezas; abierto, deberá tener cuidado con los ladrones. Vacío, posibles querellas que procurarán evitarse para no llegar a males mayores; lleno, su felicidad conyugal peligra. Si el armario es de luna, sufrirá la deslealtad de una persona amiga.

ARMAS.—Si éstas son de fuego, indican violencias y riñas; si son cortantes, enemistades y rupturas. Recibir armas es símbolo de honores. Si uno mismo se hiere, le aquejará una enfermedad. Si lo hicieren a usted, prevéngase contra una traición.

ARPA.—Símbolo de consuelo para una persona enferma. Deberemos desconfiar de alguna mujer que nos ronda con malas intenciones.

ARRENDAMIENTO.— Indica que no tardará en firmar un contrato favorable, tanto de renta como de trabajo.

ARRESTO.—Si uno sueña estar arrestado, demuestra falta de dedicación en el trabajo.

ARRODILLARSE.—Un hombre arrodillado ante una mujer es riesgo de engaño; ante un semejante indica afrenta. Si ve arrodillarse a otras personas, significa que deberá guardarse de maledicencias.

ARROYO.—Si es de agua clara, logrará un empleo lucrativo y honroso: si es de agua turbia, significa desgracias y enfermedades.

ARROZ.—Plantar arroz simboliza ganancias y éxitos. Si la persona que sueña se encuentra delicada, el soñar arroz significa que pronto curará de sus males. Si ofrece un plato de arroz a alguien y éste lo acepta y se lo come, no tardará usted en hallar quien le brinde su apoyo, contribuyendo a su progreso y bienestar.

ARZOBISPO.—Soñar con él anuncia próxima muerte.

AS.—Si se sueña que se tiene un as de la baraja en el juego, significa la llegada de una pronta y agradable noticia.

ASA.—Ver un asa, en general, es indicio de protección que usted habrá de recibir en breve. Si se trata del asa de un jarro que llevamos y éste se nos rompe, anuncio de próxima boda.

ASALTO.—Si se sueña que lo presencia, habrá motivo de duelo. Si toma parte en él, pronto sabrá de un hecho digno de alabanza.

ASAMBLEA.—Si se trata de hombres, procure evitar querellas; si está formada por mujeres, señal de próxima boda familiar o de usted mismo.

ASERRIN.—Este sueño es de feliz augurio, pues tenerlo puede

ser motivo de que encuentre por la calle alguna joya de valor o dinero.

ASESINATO.—Si usted, estando enfermo, sueña que presencia un crimen, no sólo recuperará su salud, sino que le traerá felicidad en su negocio o trabajo. Sin embargo, si usted es el asesino, no espere más que graves disgustos con la familia.

ASFIXIA.—Ver a una persona asfixiada es grato anuncio de la curación de un familiar enfermo, así como también la obtención de una importante ganancia.

ASMA.—En ocasiones se sueña que se tiene asma debido a que la persona sufre en verdad esta enfermedad y su respiración se le hace difícil. Pero no existiendo esta razón, el sueño indica traición la cual podrá contrarrestar ya avisado usted con tal presagio.

ASNO.—Si vas montado en él, tendrás trabajos y sinsabores. Si lo ves correr, señal de infortunio. Si rebuzna, indica daño y cansancio. Si el asno es blanco, recibiremos noticias gratas y provecho en metálico; si es negro, contrariedades; si gris, traición de algún amigo, y si es rojo, molestias sin cuento.

ASTRO.—Cuanto más brillantes los veamos, mayores serán los placeres domésticos y más feliz el porvenir.

ASTROLOGO.—Soñar con un astrólogo no tiene definición exacta, ya que lo mismo puede significar el sueño un éxito grande que desengaños en nuestras ilusiones.

ATAUD.—Funesto aviso de la muerte de una persona amiga. Si es uno mismo el que está dentro del ataúd, significa que disfrutará de una larga vida.

AULLIDO.—Además de chismes y habladurías, es inidicio de mala suerte en pleitos y negocios.

AUREOLA.—Siendo usted la persona aureolada, recibirá el aprecio y consideración de las gentes.

A

AUSENCIA.—Soñar con una persona ausente significa el próximo regreso de un familiar o amigo, sin que se trate precisamente del que ha visto en sueños.

AUTOMOVIL.—Si usted es un obrero o empleado y sueña que sube a un automóvil, indica ascenso en su trabajo; si se trata de persona con buenos medios de vida, señala mayores ganancias. Mas si durante el sueño se ve obligado a apearse del vehículo, nada de ello se realizará y, por el contrario, le sobrevendrán desengaños y pérdidas.

AUTOPSIA.—Soñar presenciarla, significa negocios llenos de contrariedades. Si es uno quien la practica, tendrá dificultades y grandes obstáculos.

AUTOR.—Ver a un autor significa fracaso en los negocios y pérdida de dinero. Si sueña que usted lo es, indica miseria, vanidad y esperanzas vanas.

AVARO.—Si sueñas con una persona avara, pronto recibirás buenas noticias o dinero. Si eres tú el avaro, prepárate a recibir la llegada de un familiar o amigo radicado en el extranjero.

AVENA.—Verla en el campo movida por el viento, indica prosperidad; ya segada, miseria.

AVION.—Si sueña que vuela alto, es señal de lograr un buen porvenir para usted, confirmándose tal sueño si el avión aterriza. Si el avión se desploma es augurio de malas noticias. Estando posado en el suelo, motivo de desgracias.

AVISPA.—Soñar con una avispa significa penas y muerte de un familiar o amigo. Ser picado por una de ellas, contrariedades.

AZOTAR.—Si usted azota a alguien, tendrá paz y felicidad en el matrimonio, si es soltero, y bienestar y alegría si es casado.

AZUCAR.—Ver en sueños azúcar o comerlo, le avisa de que en fecha no muy lejana tendrá una pena que le proporcionará grandes amarguras.

AZUFRE.—Soñar con azufre es una advertencia de que usted caerá en la tentación de gozar de amores prohibidos, por lo cual debe tener en cuenta esta premonición, tratando de evitar cometer tal pecado, que le acarrearía grandes contrariedades y desgracias. Sea fuerte y no se deje vencer por el Maligno.

B

BABA.—Ver a un niño babeando, y también a personas mayores, augura un buen casamiento seguido de una herencia.

BABUCHA.—Prepárese a recibir algún susto o noticia desagradable.

BACALAO.—Soñar con un bacalao es señal de alcanzar una prosperidad nunca soñada. Si es usted quien lo come, mejoramiento en su salud.

BACINICA.—Símbolo de buena salud y de dinero abundante.

BACULO.—Indica una vejez larga y tranquila. De todos modos, procure alejarse de murmuraciones y maledicencias.

BAGAJES.—Si se sueña con bagajes, pronto llevará a cabo una mudanza. Si es uno mismo quien los lleva, pronostica que cambiará su situación.

BAILARINA.—Si ves una bailarina en sueños, procura cuidar mucho de tu reputación.

BAILE.—Participar en un baile, significa alegría, placeres y buena salud. Si éste es de máscaras, procura cuidar tu dinero para evitarte inquietudes.

BAJADA.—Descender o bajar de un lugar más elevado, indica desgracias y pérdidas.

BALA.—Si éstas son de plomo, indica que te acecha un grav[e] peligro.

BALAUSTRADA.—Soñar con ella es signo de suerte y protecció[n.] Si está rota, oportunidad de ganar dinero. Apoyarse, anuncio d[e] recibir buena ayuda.

BALCON.—Estar en un balcón contemplando la calle, es auguri[o] de pronta realización de ilusiones y deseos.

BALDE.—Un balde o cubeta llena de agua, es señal de buena[s] ganancias, pero si está vacío, tendrá apuros pecuniarios.

BALLENA.—Significa abundancia material si se ve flotando e[n] el mar. Si la persona que la sueña es pobre, pronto habrá d[e] mejorar su situación; si está enferma, indica pronto restableci[-] miento.

BALLESTA.—Siendo un estudiante quien la sueña, es feliz anun[-] cio de éxito en sus exámenes, así como en asuntos amorosos.

BALON.—Lanzarlo al aire pronostica próxima, aunque efímer[a] felicidad.

BALSAMO.—Adquirirá buena reputación entre sus amistades.

BANCO.—Si sueña que está en un Banco, será bueno que desconfí[e] de proyectos y proposiciones que le hagan. Tratándose de u[n] banco de iglesia, próxima boda. Estar sentado en un banco d[e] hierro, señal de regalos.

BANDERA.—Si es un hombre quien la sueña, aviso de buena[s] noticias; si es mujer, cambio notable en su manera de ser. Si l[a] bandera ondea en el asta, indica mejoramiento en su empleo [o] cargo. Llevarla, distinciones honoríficas.

BANDIDOS.—Si éstos le atacan, es señal de fortuna; pero si es usted quien los pone en fuga, estará expuesto a perder biene[s] de fortuna.

BANQUETE.—Esto significa una agradable promesa de familiares o amigos para disfrutar de una suculenta comida.

28

AÑO.—Bañarse en una tina es signo de salud, y cuando más clara y limpia esté el agua, mayor será su tranquilidad y dicha. En cambio, si está turbia, representa enojos y decepciones. Si se baña en el mar, honores sin provecho.

BARBA.—Soñar que uno tiene la barga larga, señal de que todos sus asuntos irán bien. Ver cortar una barba es anuncio de enfermedad de un pariente o amigo. Una barba negra augura penas; si es roja, contrariedades; blanca, desengaños amorosos. Afeitar a una mujer, noticias luctuosas. Si una mujer encinta sueña con barbas, su hijo será varón.

BARBERO.—Sabrás de chismes y habladurías de la vecindad.

BARCA.—Tanto si la ve como si la tripula, este sueño es indicio de afecto de sus amigos hacia usted.

BARCO.—Viajar en él, buena marcha en sus asuntos o negocios.

BARDA.—Si es usted quien la construye, indica consolidación o aumento de fortuna.

BARNIZ.—No tardará en descubrir un engaño o traición.

BAROMETRO.—Debe usted procurar escuchar los consejos de un buen amigo.

BARREÑO.—Vacío indica felicidad; lleno, disgustos y malos tratos.

BARRER.—Si eres tú quien barre tu casa, recibirás buenas noticias. Si figura que estás barriendo en otro lugar, tendrás contrariedades.

BARRERA.—Si logras saltarla o pasar a través de ella, los obstáculos que creías insuperables, serán vencidos.

BARRICADA.—Es un sueño desagradable, pues traerá disgustos e inconvenientes familiares.

BARRIGA.—Si sueña que le duele, indica penas. Si ve que se le hincha, recibirá dinero.

BARRIL.—Lleno de agua, pensamientos bondadosos; de vino, indica prosperidad; de aceite, debes procurar subsanar tus errores; de alcohol, vanidad desmedida, de vinagre, desgracia.

BARRO.—Caminar sobre barro, es anuncio de pérdida de algo que estimamos. Si nos vemos sucios de barro, estamos en vísperas de tener que soportar engorrosos fastidios debidos a que alguien intenta calumniarnos. Resbalar en él, nos veremos metidos en un lío judicial.

BASCULA.—Temamos, después de haber disfrutado de sucesos agradables, grandes disgustos.

BASTON.—Si sueñas que lo compras, ten por seguro que te librarás de un grave peligro. Si estás apoyado en él, es señal de próxima enfermedad. Si golpeas o te dan golpes, recibirás daños materiales.

BASURA.—Hasta ti llegarán noticias de una persona amiga que huyó del hogar.

BATALLA.—Si se sueña hallarse en un campo de batalla, es indicio de riesgos de molestias y persecuciones.

BAUL.—Si sueñas que está lleno, señal de abundancia. Vacío, anuncia malestar y miseria.

BAUTIZO.—Asistir a un bautizo es siempre un presagio feliz. Si en este sueño un familiar o amigo no estuviera bautizado, sería presagio de que a la persona que le faltase el bautismo sufrirá de penas y enfermedades.

BAYONETA.—Llevar o usar una bayoneta, es señal de alguna terrible desgracia.

BEATA.—Debes procurar no relacionarte con gentes que pueden ocasionarte disgustos.

BEBE.—Soñar con un recién nacido es signo de felicidad en la casa. Si el bebé figura que es usted, tenga por cierto que hay una persona que lo ama mucho, aunque no se atreve a confesárselo.

BEBER.—Si en sueños bebe usted agua, habremos de cuidar la salud, aunque también es indicio de que puede traernos algo bueno. Si es vino lo que toma, gozaremos de buena salud y fortaleza. Si se trata de licores, deberá interpretarse como logro de esperanzas e ilusiones. En cambio, soñar que bebe leche, es presagio de rencillas y preocupaciones. Beber agua fría, augura riquezas; caliente, leve enfermedad.

BELLOTAS.—Soñar con bellotas puede interpretarse como un buen signo.

BENDICION.—Si es un sacerdote quien se la da, tendrá pleitos de familia a causa de habladurías de gente malévola. Si se la dan sus padres, feliz augurio.

BERENJENA.—Si está cruda, señala una pasión secreta. Si sueña que está cocida, muy pronto recibirás la confesión de un amor disimulado que le hará feliz.

BERROS.—Indica contrariedades y penas en sus asuntos.

BESAR.—Recibir un beso es anuncio favorable creador de gratos afectos. Dispóngase a recibir la visita de una persona querida. Dar un beso a una mujer (o a un hombre), feliz éxito. Besar la mano de una mujer, progreso en las empresas. Besar el suelo, humillación.

BESTIAS.—Si sueña que es perseguido por ellas, augura ofensas. Si las ve correr, tribulaciones y desgracias.

BIBLIA.—Verla, íntima alegría; leerla, paz en el espíritu.

BIBLIOTECA.—Soñar que se está en una biblioteca cuyos estantes se hallan vacíos, es señal de abulia y pereza por su parte, lo cual debe procurar corregir para evitar males mayores. Si los estantes están llenos de libros, indica que sus trabajos merecerán buena recompensa.

BICICLETA.—Si es usted quien la monta, terminará con un romance, aunque si esto llegara, le advendrá un favorable cambio. Si montándola uno se cae, perderá el dinero que haya arriesgado en cualquier empresa o negocio.

BIGOTE.—Si son largos, será señal de aumento de fortuna. Si usted no lo usa y sueña que lo lleva, presagia situaciones desagradables. Si se trata de una mujer que sueña ser una "bigotona", le avisará de infidelidades conyugales, en caso de ser casada. Siendo soltera, deberá guardarse de chismes y maledicencias.

BILLAR.—Si sueña que lo ve o que juega en él, procure no arriesgarse en operaciones comprometidas.

BILLETE.—Soñar con billetes de Banco siempre presagian apuro de dinero.

BIZCOCHOS.—Verlos auguran buena salud. Comerlos, próximo viaje.

BLUSA.—Si usted sueña con esta prenda, pronto conocerá a una persona con la que establecerá un firme lazo de amistad.

BOCA.—Boca grande es símbolo de prosperidad y riqueza. Si es pequeña, significa que recibirá desprecios de amigos.

BODA.—Si es usted quien participa en su propia boda, indica que gozará de magnífica situación con la ayuda de un familiar o amigo. Si sueña que es un simple asistente, recibirá lamentables noticias de la muerte de una persona querida.

BODEGA.—Si la bodega es de vinos y está repleta de barricas y botellas, su sueño indica que, si usted es persona soltera, contraerá un matrimonio afortunado; pero si ya está casada, recibirá un buen ingreso monetario. En caso de que la bodega contenga cereales u otros productos, la gente privada de libertad pronto la recuperará y si la sueña un pobre, su situación mejorará notablemente.

BOLA.—Soñar con bolas es símbolo de buen agüero y por lo tanto tal sueño deberá ser motivo de satisfacción y alegría.

BOLERO.—Si es un bolero o limpiabotas quien se le aparece en sus sueños, recibirá ganancias que mejorarán su vida.

B

BOLICHE.—Este sueño anuncia el próximo regreso de alguna persona querida, residente en un país lejano.

BOLSA.—Llena de dinero, tendrá dificultades de las que saldrá gracias a la protección de un buen amigo. Si está vacía, sufrirá momentáneas molestias de las que habrá de salir triunfante.

BOLSILLO.—Registrar los bolsillos de una persona, es señal de dudas y desconfianzas. Si alguno se los registra, debe procurar desconfiar de un amigo que viene con malas intenciones.

BOMBA.—Si sueña que saca agua con ella, señal de felicidad y y contento. Si no sale agua, motivo de pobreza y pesadumbres. Si se trata de una bomba explosiva, malas noticias y sinsabores.

BOMBERO.—Emprenda con interés su trabajo o negocios, que recibirán un merecido premio de progreso que le permitirá mejorar su actual estado de vida.

BOMBONES.—Si sueña que los come, ande con cuidado de no dejarse convencer por atenciones y lisonjas. Si los ve en una bombonera, anuncio de regalo.

BORDADO.—Usar vestidos bordados significa ambición, pero puede ser que recibamos riquezas y honores. Si es usted quien borda, será objeto de críticas por parte de personas a quienes usted considera como amigos.

BORRACHO.—Si sueña que es usted, le esperan grandes mejoras en su actual situación, tanto en aumento de dinero como en su empleo o negocios.

BORREGO.—Soñar con borregos indica que recibirá regaños de las personas que están sobre usted, bien los padres o sus jefes o maestros.

BOSQUE.—Estando en un bosque, rodeado de hermosos y frondosos árboles, no tardará en recibir noticias gratas. Si usted se halla extraviado en él, augura sinsabores.

BOSTEZO.—Sabrá de la muerte de una persona quien no formaba parte de sus íntimas amistades.

BOTAS.—Ver o estrenar botas nuevas, símbolo de riqueza y bienestar. Si las botas están usadas y viejas, señal de que no tardará en adquirir unas.

BOTELLA.—Si sueña con una botella llena, significa alegría; si está vacia o rota, augura desgracias.

BOTICA.—Representarse en un sueño una botica o un boticario, tenga por seguro que sabrá de una boda por interés de alguna persona amiga.

BOTONES.—Soñar con botones significa pérdidas. Si es usted quien los cose a cualquier prenda, indica dicha casera y apoyo de su familia.

BOXEO.—Es un signo de rivalidad y violencia. Si sueña que está boxeando, tendrá que precaverse de mujeres que buscan perjudicarle. Ver boxear a otras personas, serán amigos de usted los que traten de causarle problemas y perjuicios.

BRASA.—Una brasa a medio extinguir es anuncio de bienestar y dinero inesperado. Si la brasa está encendida, augura signos de demencia alrededor nuestro, aunque no en personas de la familia, sino entre algún simple conocido.

BRASERO.—Una persona querida sufrirá un accidente.

BRAZALETE.—Soñar con brazaletes es signo de buen agüero por lo general. Si está roto anuncia muy próximo matrimonio.

BRAZO.—Si los brazos son fuertes y robustos, indican felicidad. Velludos, adquisición de riquezas. Roto o cortado, próxima enfermedad a nuestro alrededor.

BRINDIS.—Símbolo de alegría por el nacimiento de un niño allegado a usted.

BROCHA.—Soñar que usted u otra persona están pintando la casa con una brocha, es señal de beneficios y satisfacciones.

BROCHES.—Si sueñas que los compras, recibirás una falsa alarma. Si los pierdes, injusta acusación de la que saldrás victorioso.

B

BRUJA.—No es agradable soñar con brujas, ya que este sueño trae dificultades e incluso pérdida del trabajo o en los negocios. Procura en este día no resbalar por la calle, pues la caída sería de malas consecuencias.

BUENAVENTURA.—Tratándose de una gitana quien te la dice, debes estar alerta con tus enemigos.

BUEY.—Si este animal es grande y está gordo, pronto recibirás noticias felices. En cambio, si está flaco y débil, has de esperar lo contrario. Estando labrando la tierra, señal de buena suerte.

BUHO.—Soñar con un buho es señal de que no tardarás en saber la muerte de un amigo.

BUITRE.—Si luchando contra el buitre llegas a vencerlo, es signo de que pronto recobrarás la salud y calma perdidas.

BUJIA.—Verlas fabricar o hacerlas uno mismo, es indicio de próximas ganancias. Soñar que una está encendida, pronostica un natalicio. Bujía que se apaga sola, presagia dolor y muerte.

BUÑUELOS.—Si es uno mismo quien los elabora, deberá guardarse de intrigas de personas que le rodean. Si sueña que los come diversiones y placeres sensuales.

BUQUE.—Si usted va en él como pasajero y el navío se halla detenido en medio del mar, significa que puede enfermar y si no se atiende oportunamente llegar incluso a la muerte. Si es persona dedicada a negocios quien sueña viajar en el buque, obtendrá grandes ganancias. Si se trata de una mujer soltera, soñar que va como pasajera en el barco será fiel aviso de próximo matrimonio, salvando los inconvenientes que puedan presentársele.

BURLA.—Si quien sueña está burlándose de alguien, será señal de que, en la vida real hallará gente que gozará burlándose de usted. En cambio, soñar que otra persona hace mofa de usted, no tardará en verla afectada por un accidente grave.

BURRO.—Si sueña con un burro de color blanco, pronto recibirá dinero. Si el animal es pardo o gris, deberá prepararse para evitar un engaño del que tratan de hacerle víctima. Verse montado en él, significa que nunca habrá de perder la confianza de la persona a quien ama.

BUSTO.—Ver el busto de un personaje es signo de consideraciones y honores para con usted.

BUTACA.—Soñar con una butaca o que se halla sentado en ella, es augurio de bienestar y una larga vida llena de satisfacciones.

C

CABALGAR.—Si cabalga en un caballo anuncio de triunfos y prosperidades. Si monta en un burro u otro animal solípedo, señal de inconvenientes con la justicia. En el caso de montar en un burro, tendrá muchos obstáculos que sólo podrá vencer poniendo en ello su esfuerzo y tenacidad.

CABALLETE.—Si sueña que es nuevo, recibirá desengaños amorosos.

CABALLO.—Caballo negro indica próxima boda con persona rica, aunque de mal carácter. Si es blanco, augura ganancias. Siendo cojo, contrariedades. Uno o más caballos uncidos a un carro, ascensos y mejoras en el trabajo.

CABAÑA.—Soñar con una cabaña es signo de felicidad, pero si ésta se encuentra derruida y abandonada, trabajos penosos y amistades truncadas.

CABARET.—Estando usted en él alternando con gentes, es señal de fortuna y dicha. Si se encuentra solo, peligros y sinsabores.

CABELLO.—Si los cabellos son negros y encrespados, es señal de pesares e infortunios. Bien peinados, indican amistades, pero si ve que se le caen, pérdida de amigos. Si ve que encanecen, falta de dinero.

37

CABEZA.—Una cabeza grande significa aumento de riquezas. Sola, sin el cuerpo, indica libertad. Si una persona enferma sueña que le cortan la cabeza, señal de que pronto mejorará. Si usted se la corta a alguien, augurio propicio para jugar a la lotería. Verla cortar a otra persona, obtendrá dinero y adquirirá nuevas e importantes relaciones. Soñar con una cabeza de un negro, próximo viaje.

CABLE.—Has de procurar tener cuidado con tu salud.

CABRA.—Soñar que sujeta a una cabra por los cuernos, indica próximo triunfo sobre sus enemigos; pero si sueña que le da topetazos, deberá mantenerse lejos de sus enemigos. Una manada de cabras significa pobreza y mala situación.

CACAO.—Próximas noticias de una vieja amistad con quien tuvimos relaciones.

CACEROLA.—Soñar que está vacía en vísperas de casarse, su matrimonio no será muy afortunado. Verla llena de comida, indica todo lo contrario.

CACTO.—Alguien tratará de abatir nuestro orgullo.

CADALSO.—Si uno se ve en él, señal de honores y dignidades.

CADAVER.—Si sueña que besa un cadáver, su vida será larga y venturosa.

CADENA.—Estar atado con cadenas significa penas y sinsabores, pero si logra romperlas, poco a poco irá saliendo de su infortunio.

CADERAS.—Si son grandes, señal de alegría y prosperidad.

CAFE..—Soñar con el grano en crudo, mejoría en sus negocios; si está tostado, recibirá agradables visitas. Si el café está ya molido, se realizarán sus proyectos e ilusiones. Si alguien le ofrece una taza de café, muerte de un familiar; si al tomarlo se le derrama, deberá usted cuidarse de un peligro.

CAIDA.—Si sueña que se cae, es anuncio de próxima desgracia. Si la caída es en el mar, indica sobresaltos.

CAJA.—Cualquier caja que esté llena, anuncia prosperidad, dichas y viajes; vacía, inconvenientes. Un rimero de cajas, deberá cuidarse de los envidiosos.

CAJON.—Si usted busca algo en el cajón de una mesa y éste se encuentra vacío, tendremos inconvenientes, aunque pasajeros, en nuestros asuntos.

CAL.—Soñar con cal denota que una persona a quien usted le había depositado su confianza, le ha estado ocultando la verdad con respecto a asuntos de gran trascendencia.

CALABAZAS.—Quien sueña con calabazas y está enfermo, pronto recuperará la salud.

CALABOZO.—Si uno se halla encerrado en un calabozo, recibirá grandes consuelos en su situación. Si sólo entra en él, indicio de buena salud.

CALAMAR.—Soñar con calamares es feliz anuncio de recibir dinero.

CALAVERA.—Una o más calaveras presagian acechanzas y mala fe de gentes que se llaman nuestros amigos y sólo buscan perjudicarnos.

CALCETIN.—Si se sueña con un solo calcetín, indica molestias con parientes. Si uno mismo se los está poniendo, augura apuros de carácter económico. Quitárselos, fin de nuestras preocupaciones.

CALCULO.—Hacer cálculos y salirle bien, éxito en nuestros asuntos y negocios; si salen mal, contrariedades.

CALDO.—Tomar una taza de caldo indica penas, sinsabores e intrigas por celos.

CALENDARIO.—Es aviso de que usted no debe aceptar una próxima invitación, con lo cual se evitará un grave disgusto.

CALIZ.—Este sueño indica profundas creencias religiosas.

CALLE.—Pasar por una calle llena de basura, significa que se hallará metido en líos judiciales. Si la calle es limpia, sus problemas pronto habrán de solucionarse en forma satisfactoria. Una calle estrecha y obscura, señala peligros.

CALLOS.—Si usted sufre de callos, significa pesares y disgustos familiares.

CALOR.—Soñar que se tiene mucho calor, indicio de larga vida.

CALUMNIA.—Pronto recibirás visitas de algunos amigos solicitándote favores.

CALVICIE.—Si es usted quien sueña quedarse calvo, augura contrariedades y penas que se acercan y que tal vez puedan influir en que se dé a la bebida. Si quienes se quedan calvos son amigos, debe cuidarse de ellos, ya que intentarán tramar algo malo para perjudicarle.

CAMA.—Soñar con una cama limpia, anuncia una situación estable en su vida. Si se halla sucia y en desorden, es augurio de contrariedades. Estar solo acostado en ella, indica próxima enfermedad.

CAMARERA.—Una buena camarera, bien parecida y arreglada con su uniforme, señala fracaso en amores.

CAMELIA.—Si se huele esta flor, procure no crear amistad con la persona que se le acerque con proposiciones amorosas, pues habría de arrepentirse por ser muy egreída y vanidosa.

CAMELLO.—Si sueña con un cambio, le sobrevendrán penas por infidelidad de la persona a quien usted ama. Si los ve en caravana, señal de riqueza y fin de dificultades hogareñas.

CAMILLA.—Señala posible accidente o enfermedad. Cuídese.

CAMINO.—Ver o andar por un camino recto, es señal de alegrías. Si el camino es difícil y pedregoso, se le presentarán muchos obstáculos.

CAMION.—Indica alguna oportunidad de recibir una herencia, aunque no de mucha cuantía.

CAMISA.—Si sueña con una camisa blanca y limpia, señal de que recibirá gratas visitas de amigos que le invitarán a una fiesta. Si la camisa está sucia, los amigos que le visiten sólo aportarán sinsabores.

CAMPANA.—Toque alegre de campanas, significa que su proceder es objeto de malos comentarios entre sus amigos. Si tocan lentamente, sabrá de la muerte de un personaje importante.

CAMPANARIO.—Este sueño indica poder y fortuna, pero si el campanario se halla en ruinas, pérdida de su empleo.

CAMPO.—Si en su sueño ve un campo cultivado y hermoso, anuncia próximo matrimonio o herencia inesperada. Si el campo está yermo, contariedades en su trabajo.

CANAL.—La feliz intervención de un buen amigo arreglará un asunto que a usted mucho le preocupaba.

CANARIO.—Verlo en la jaula, señal de que usted está enamorado. Oírlo cantar, pronto recibirá una confidencia amorosa. Si el canario se escapa, señala rompimiento con la persona a quien ama.

CANASTA.—Buen augurio y abundancia de bienes si se sueña con una canasta repleta de frutas, verduras y comestibles. Pero si está vacía y rota, pronto tendrá problemas económicos.

CANDADO.—Soñar con un candado significa pérdida de dinero o de objetos.

CANDELABRO.—Hallaremos por la calle un objeto de poco valor; pero si el candelabro está encendido, aumenta la importancia del hallazgo.

CANELA.—Significa grato encuentro con una persona a quien se estima.

CANGREJO.—Si sueña que los come, desavenencia con persona que siempre mereció su aprecio y amistad.

CANTARO.—Lleno de agua, de leche u otro líquido, anuncia la llegada de un bien inesperado que mucho le satisfará. Si el cán-

41

táro se halla vacío o roto, significa mengua en su actual situación.

CANTINA.—Hallarse dentro de una cantina, es señal de tristeza o de enfermedad.

CANTO.—Si es usted quien canta o escucha, anuncia tristeza.

CAÑON.—Soñar hallarse frente a un cañón, significa que algo inesperado se le presentará en su vida. Oír un cañonazo, presagia ruina y quiebras en los negocios.

CAPA.—Si se sueña con ella, es feliz augurio de noticias que le causarán dicha y alegría. Si uno la lleva puesta, recibirá dinero que no esperaba.

CAPILLA.—Sus leales sentimientos pronto le llevarán de nuevo por el buen camino.

CARA.—Si la cara que sueña es agradable y bonita, señala larga vida y honores.

CAPITAN.—Soñar con un capitán, es un buen sueño. Prosperará en su trabajo y la paz y tranquidad entrarán en su hogar.

CARACOL.—Anuncio de un largo viaje. Si los come, significa dicha y abundancia. En cambio, vacíos, pérdidas de dinero.

CARAMELOS.—Comer caramelos pronostica que alguien se atreverá a injuriarlo, causándole amargura y disgusto.

CARAVANA.—Verla pasar, ganacias en sus asuntos. Si usted forma parte de ella, satisfacciones y utilidades en el próximo viaje que piensa emprender.

CARBON.—Soñar con carbón encendido, éxitos; apagado, dificultades para cobrar dinero que le adeudan. Si se trata de usted quien saca el carbón de la tierra, riquezas inesperadas.

CARCEL.—Si es usted el que se halla encarcelado, un peligro inminente le acecha; si sale de la prisión, triunfo seguro tras largas contrariedades.

C

CARDENAL.—Feliz sueño que nos proporcionará magníficos éxitos en nuestra actual situación.

CARETA.—Cubrirse el rostro con una careta, augura engaños y amigos falsos.

CARICIAS.—Soñar que usted acaricia o es acariciado, señal de felicidad y reuniones agradables.

CARIDAD.—Si en sueños hace usted caridad a alguna persona, significa que recibirá noticias desgraciadas. Si la recibe, tendrá afectos de amigos.

CARNAVAL.—Hallarse en una fiesta carnavalesca, es indicio de sucesos favorables que le proporcionarán muchas satisfacciones. Si, por desgracia, usted se emborracha en la fiesta, sería motivo de perjuicios en sus intereses.

CARNE.—El comer una carne sabrosa, significa satisfacciones en su vida; en cambio, si la come cruda o en mal estado, es aviso de amarguras.

CARNERO.—Si se sueña con carneros, indica que, al contraer matrimonio, su marido o esposa no le harán feliz en el nuevo estado.

CARRETE.—Si el carrete tuviera el hilo o cordón bien enrollado, pronto un amigo le brindará ayuda para realizar un negocio. Por contra, si el hilo se viera revuelto y sucio, indica sufrir habladurías familiares.

CARRILLOS.—Carrillos gordos y colorados, señal de dichas. Flacos y pálidos, mengua en los negocios.

CARROZA.—Viajar en una carroza, indica próximas riquezas.

CARTA.—Escribir o recibirla, señal de prontas noticias de familiares o amigos que serán motivo de alegría. Tratándose de cartas de la baraja, ases indican triunfo, reyes, protección; caballos, envidias de amigos; sotas, habremos de prevenirnos de rivalidades. Oros, significan viajes de negocios; copas, buenos afectos; espadas, enfermedad leve; bastos, aumento de dinero.

CARTERA.—Si sueña encontrarse una cartera, pronostica que pue de presentársele un caso extraño o misterioso.

CARTERO.—No tardará en recibir gratas noticias de una persona querida.

CASA.—Soñar que es propietario de varias casas, anuncia penu ria. Edificarla, contrariedades. Verla temblar augura pérdida de bienes o pleitos.

CASADO.—Si en la vida real usted es soltero y sueña que está casado, pronto conocerá a una persona que le impresionará gra tamente.

CASAMIENTO.—Soñar casarse es señal de tristeza y enfermedad Si usted asiste como invitado, indica defunción de un amigo.

CASCADA.—Es anuncio de un feliz matrimonio.

CASCO.—Llevarlo puesto, vanas esperanzas. El soñar con muchos cascos es signo de discordias entre la familia.

CASTAÑA.—Comer castañas en sueños, augura éxito en el nego cio. Si las come asadas, gratas reuniones y comidas.

CASTAÑUELAS.—Tanto tocarlas como oírlas sonar, es anuncio de frívolas distracciones.

CATACUMBA.—Grata señal de que se librará de un mal que ha venido preocupándole desde hace tiempo.

CATALOGO.—Si sueña que tiene un catálogo entre las manos, con fíe en un mejoramiento en su actual estado, en particular tratán dose de dinero.

CAZAR.—Si es usted el cazador, motivo de satisfacciones. Si cobra muchas piezas, momento oportuno para emprender ne gocios.

CAZO.—Si el cazo está lleno de comida, señal de felicidad en su trabajo; pero si está vacío y quien lo sueña es persona viuda, pronto se volverá a casar.

CEBOLLA.—Comer cebollas es señal cierta de contrariedades y disgustos.

CEDRO.—Feliz ancianidad, amado por familiares y estimado por amigos.

CEGUERA.—Si sueña con un ciego de nacimiento, deberá desconfiar de algún amigo que le rodea. Si es usted el ciego, habrá de procurar cuidarse de sù vista, que debe andar mal.

CELOS.—Si los celos que, al soñarlos, provienen por causa de una persona amada, es aviso de que saldrá avante de las dificultades que actualmente tiene en amoríos. Si alguien los tiene de la persona que sueña, augura que será víctima de una mala acción.

CEMENTERIO.—Hallarse er un cementerio, augura una vida futura llena de paz y consideraciones.

CENA.—Compartir una cena en compañía de algunas personas, es anuncio de alegría y bienestar próximos. Si es uno mismo quien cena solo, será señal de situaciònes difíciles.

CENIZAS.—Soñar con ceniza es de mal augurio. Un allegado tuyo sufrirá grave enfermedad, que puede terminar con su muerte.

CENTINELA.—Ver un soldado de centinela, es señal de desconfianza e inseguridad.

CEPILLO.—Simboliza que perderá buenas oportunidades en cuanto al mejoramiento de su trabajo.

CERA.—Si es blanca, agradable reunión para tratar de boda próxima. Negra, indica herencia. Roja, malos negocios.

CERDO.—Augura enfermedades y penas.

CEREALES.—Si lo que come es trigo, maíz, avena, etc., tendrá inesperadas ganancias en sus negocios.

CEREZAS.—Verlas, significan dicha y placer. Comerlas, recibirás buenas noticias.

CERILLOS.—Soñar con un cerillo cuya llama sea clara, éxito en su trabajo o negocio. Si está apagado, deberemos cumplir con nuestros compromisos para evitar fracasos.

CERRADURA.—Esté con cuidado para que no le roben.

CERVEZA.—Beber un vaso de cerveza es augurio de fatiga y de cansancio, pero si toma varios vasos, sin llegar a emborracharse, será anuncio de un reposo y tranquilidad que usted se habrá ganado.

CICATRIZ.—Si sueña que está abierta, señal de generosidades y afectos por su parte. Sanando o curada, ingratitudes para con usted.

CIELO.—Cielo limpio, despejado o lleno de estrellas, pronto habrán de realizarse sus viejas ilusiones. El cielo nublado debe interpretarse como tristeza y melancolía.

CIERVO.—Verlo correr, buenas ganancias. Matarlo, indica herencia inesperada.

CIGARRO.—Si está encendido, denota amistad. Estando apagado, contrariedades.

CIGÜEÑA.—Si la ve volando, procure guardarse de enemigos que buscan causarle daño. Si está posada en el suelo, indica que deberá estar más cuidadoso en su trabajo o negocio. En caso de verlas aparejadas, dicha amorosa.

CINEMATOGRAFO.—Si al ver una película aparece usted en ella, procure recurrir a su buen-sentido para salir con buen éxito de asuntos que le atañen. El ver la cámara funcionando, pronto se enterará de algún secreto.

CINTURON.—Si usted sueña que lleva un cinturón nuevo, señal de honores y tal vez de próximo matrimonio. Si el cinturón es viejo, será presagio de penas y trabajos.

CIPRES.—Es símbolo de melancolía. Si los ve en un cementerio, demuestran fidelidad más allá de la muerte.

CIRCO.—Los esfuerzos y trabajos que realiza actualmente, tendrán feliz resultado, aunque no en breve tiempo. Sea paciente.

CIRIO.—Si está encendido, augurio de matrimonio; apagado, grave enfermedad.

CIRUELAS.—Maduras, éxito en sus actuaciones; verdes, desilusiones. Comerlas, señal de penas.

CIRUJANO.—Soñar que un cirujano le opera, significa triunfo y felicidad.

CISNE.—Blanco, satisfacciones y salud. Negro, disgustos familiares. Oírlo cantar, presagio de muerte de algún amigo.

CITA.—Si la cita que sueña es amorosa, señal de placeres, aunque con muchos peligros.

CIUDAD.—Si sueña con la ciudad en que usted nació, hallándose ausente de ella, tendrá un día de pesar y melancolía. Si usted se extravía en ella, por desconocer su topografía, tendrá un feliz cambio en su vida.

CIUDADELA.—Asistiéndonos la razón y el derecho, triunfaremos en nuestros asuntos.

CLARIN.—Tocar o escuchar un clarín, significa que recibirá una grata noticia que no esperaba.

CLAUSTRO.—Has de procurar cuidarte de alguien que se te presente como buen amigo.

CLAVEL.—Si los claveles con que usted sueña son blancos, feliz ayuda que podrá considerarla como una bendición del cielo. Amarillos, significan envidias por parte de alguien que lo rodea y se considera su amigo. Si son rojos, indican que su disposición de ánimo es apasionada y sensual. Si es usted quien lleva un ramo de claveles, asistencia a una boda, tal vez como padrino.

CLAVOS.—Soñar con clavos, presagio de habladurías contra nuestro proceder y dignidad; pero si soñamos que los estamos clavando, las personas que puedan habernos menospreciado, vendrán a darnos excusas.

COBIJA.—Si la cobija que le cubre es nueva y limpia, señal de ayuda de familiares o amigos. Si está sucia, indica anuncio de tragedia por muerte o accidente.

COCINA.—Siendo uno mismo la persona que se encuentra en la cocina preparando algún manjar, simboliza que cometerá un error del que ha de procurar guardarse. Ver a otra persona guisar en la cocina, es señal de que alguien trata de desprestigiarle.

COCODRILO.—Manténgase alerta de una persona que se dice su amigo, al parecer persona atenta y decente, quien en el fondo no es más que su enemigo y, además, un degenerado.

COJO.—Soñar con una persona coja, le anuncia que será invitado a una fiesta donde creará una amistad que mucho podrá favorecerle. Si aparece que es uno mismo el cojo —o que cojea—, desengáñese de momento de los proyectos que se había forjado.

COLA.—Soñar con la cola de un animal, es indicio de que la persona a quien acaba de conocer no es gente de fiar. No obstante, si la cola es desmesuradamente larga, esa amistad le será a usted beneficiosa.

COLCHON.—Si aparece que es uno mismo quien duerme sobre un colchón nuevo, será motivo de cosas agradables; pero si el colchón está viejo y sucio, demuestra negligencia por su parte en todos sus trabajos y asuntos, por lo cual deberá rectificar su proceder.

COLEGIO.—Soñar que asiste a un colegio o escuela, significa apoyo y ayuda de amigos. Siendo usted en su vida real persona mayor, es señal de que no toma la vida con la seriedad propia de sus años.

COLIBRI.—La mujer soltera que sueñe con esta linda avecilla y tenga novio, conocerá a otro hombre que habrá de ser su amor verdadero. Si ya es casada, sus relaciones conyugales mejorarán notablemente. Si es hombre quien lo sueña, indica aviso de una próxima aventura amorosa.

COLIFLOR.—Soñar con coliflores, señala penas amorosas, aunque afortunadamente pasajeras. Si es que la come, señal de chismes dentro de su propia familia.

COLLAR.—Síntoma de maledicencias y calumnias. Si es de oro, augura decepciones; de piedras preciosas, habladurías de mujeres.

COLMENA.—Actividad en la colmena, riqueza y prosperidades. Colmena abandonada, indica enfermedad.

COLMILLO.—Si se trata de sus propios colmillos que pierde por accidente o intervención del dentista, señala pérdida de parientes cercanos. Si sueña con colmillos de elefante, símbolo de prosperidad.

COLORES.—El blanco, señala paz y armonía. El negro es símbolo de tristeza, melancolía y luto. El azul, satisfacción y alegría. Si es rojo, noticias inesperadas y no muy buenas. Rosa, sentimientos nobles y amorosos. Si el color es verde, esperanzas. Violeta, melancolía.

COLUMNA.—Denota constancia y firmeza en sus asuntos, cualidades que deberá mantener para triunfar en la vida.

COLUMPIO.—Señal inequívoca de feliz matrimonio.

COMETA.—Soñar con un cometa, augura felicidad efímera.

COMEZON.—Sentir comezón por todo el cuerpo, buena señal, pues augura dinero.

COMIDA.—Estar comiendo en una mesa llena de ricas viandas, anuncio de íntimas satisfacciones. Si los platillos que se comen son los que se sirven en un hogar humilde, signo de adversidades. Comer solo uno mismo, indica pérdida de prestigio; pero si se halla acompañado de familiares y amigos, serán agasajos y honores los que le esperan.

COMPADRE.—Es un buen sueño, pues indica amor correspondido y próximo matrimonio.

COMPAS.—Magnífico signo es soñar con este instrumento, ya que es anuncio de vida feliz, sana y ordenada.

COMPRAS.—Ir de compras es señal de alegría y felicidad.

CONCIERTO.—Soñar que escucha un concierto, es señal de sentimientos delicados y bondades. Vaticina grata convalescencia para los enfermos y salud inalterable para las gentes sanas.

CONDECORACION.—Recibir condecoraciones en forma de cruz cristiana es indicio de alegría y honores. Si se tratara de una cruz gamada, señal de violencia y adversidades.

CONDENA.—Si ésta proviene de un juez, lamentable aviso de que se halla en peligro la paz y tranquilidad de su matrimonio.

CONEJO.—Soñar con conejos blancos, señal de salud y fortuna; pero si son negros, el sueño le será contrario.

CONFESION.—Confesarse ante un sacerdote, grato augurio de restablecimiento en la enfermedad que le aqueja.

CONSERVAS.—Si se sueña con botes de conservas, deberás no ser tan pródigo atendiendo males ajenos. Es hermosa la caridad, pero con mesura.

CONSULTA.—Si sueñas que consultas con un abogado, cuida de tu dinero; si con un médico, de tu salud.

CONTRABANDO.—Estar metido en líos relacionados con una operación de contrabando, le auguran inesperadas ganancias. Pero si se trata de otras personas las que intervienen en él, procure estar prevenido a desengaños y peligros que usted ignora

CONTRATO.—Si el que se firma es para rentar una casa, motivo de alegría y prontas noticias de satisfacciones. Si es usted quien los hace firmar, también será anuncio de prosperidad y aumento de sus caudales.

CONVALECENCIA.—Si quien sueña con este mejoramiento de salud es uno mismo, indica boda próxima o herencia.

CONVENTO.—Si usted está recluido en él, adquirirá paz y conquistará afectos entre la familia y amigos. Si se halla en una celda de castigo o de penitencia, recibirá noticias satisfactorias con respeto a un caso que le ha venido preocupando desde hace tiempo.

CONVIDADOS.—Estando en una fiesta y vernos rodeados de ellos, que nos miman y adulan, será prudente alejarnos de aquellos en quienes, en sueños, podemos reconocer.

COPA.—Soñar con copas es buen augurio de desaparición de las dificultades que te agobian. Pero debes procurar alejarte de la supuesta amistad de algunas gentes que te rodean, quienes sólo buscan su interés.

CORAZON.—Es augurio de que sufrirás una enfermedad. Si es persona enamorada la que sueña con él, habrá de ser traicionado por la persona a quien ama.

CORBATA.—Si sueñas que te la estás poniendo, anuncio de enfermedad. Cuidate de los enfriamientos.

CORCHO.—Aunque sólo sea un tapón de corcho de una botella con lo que sueñas, significa que, con tu recto proceder, sacarás de apuros a tus familiares.

CORDERO.—Si tú figuras que eres propietario de un rebaño de corderos, pronto recibirás consuelos a tus aflicciones.

CORONEL.—Soñar con un coronel, es augurio de glorias.

CORRAL.—Siendo tú quien lo cuidas, recibirás justo premio a tu laboriosidad. En cambio, si no te preocupas de él, lograrás un amor que puede ser correspondido.

CORREA.—Si sueñas que te las ciñes, procura tener cuidado con los amigos. Si por algún motiv te las quitas, contratiempos y desengaños.

CORREO.—Entrar a una oficina de Correos para recoger alguna carta, presagio será de que la mujer que usted ama no habrá de corresponderle en sus amores.

CORRER.—Detrás de un enemigo o asaltante, te aportará buen provecho en tus asuntos. Ver correr a la gente, discusiones y disgustos.

CORTAR.—Todo cuanto usted corte en sueños es augurio de próximos males de los que deberá prevenirse para evitar males mayores.

CORTEJO.—Soñar con un cortejo es señal de ceremonias y agradables reuniones. Si el cortejo es nupcial, posible luto en la familia o allegados.

CORTINA.—Si las cortinas son lujosas, significan una vida sin preocupaciones; pero si son raídas, miseria. Si sueña que están entreabiertas, sabrá de algún secreto que saldrá a relucir, aunque éste no será de mucha importancia ni trascendencia. Si las cortinas están cerradas, deberá procurar no divulgarlo, ya que podría tener graves consecuencias.

COSECHA.—Si es usted quien recoge una cosecha abundante, habrá de tener cuidado en futuras pérdidas personales.

COSER.—Soñar con una persona que está cosiendo, indicio de avaricia.

COSTAL.—Un costal lleno de dinero, es señal de difícil situación monetaria por parte de usted. Si el costal estuviera vacío, recibirá dinero inesperado que mejorará su situación.

COSTILLAS.—Verlas fracturadas, indica disputas matrimoniales. Estando en buen estado, señal de felicidad conyugal y ganancias.

CRIADA.—El soñar con alguna criada o persona que esté a su servicio, simboliza desavenencias y privaciones.

CRISTAL.—Ver cristal trabajado en forma de vasos, copas, etc., es señal de amistad y de amor.

CRUCIFIJO.—Augura la partida de un familiar en busca de aventuras o mejoramiento en su actual estado.

CRUZ.—El símbolo de la cruz es grato anuncio de mejoramiento en su enfermedad para los enfermos y terminación de arduos problemas para las personas que los tienen. Si la sueña un joven, aviso de próximo matrimonio; si la sueña un anciano, indica tranquila vejez.

CUADRO.—Soñar hermosos y valiosos cuadros, es significado de bienestar en salud y situación. Si éstos representan temas tristes y dolientes, presagian infidelidad.

CUARTEL.—Este sueño simboliza amor a la patria.

CUBIERTO.—Si los cubiertos son de plata, demuestran ambición en mejorar su estado actual. Si son de oro, avaricia. Si usted los roba o se los roban, motivo de traiciones.

CUCHARA.—Soñar con cucharas, augurio de felicidad hogareña. Si son de hierro o de simple lámina, señal de tristeza. De madera, símbolo de pobreza.

CUCHILLO.—Este utensilio, si aparece en su sueño, indica disgustos con familiares. Si hace mal uso de él y causa alguna herida a otra persona, pronto lo cambiarán de empleo que será motivo de contrariedades. Si con un cuchillo es a usted a quien lesionan, señal de desafortunada elección con quien se haya prometido para casarse, o desavenencias con su cónyuge.

CUELLO.—Soñar que es usted quien tiene un cuello muy largo, se verá metido en un gran compromiso, cuyas consecuencias tendrá que pagar. Si el cuello es hermoso y suave, anuncio de buenas noticias.

CUENTOS.—Si es uno persona mayor y sueña que está leyendo cuentos infantiles, tendrá leves contrariedades con personas que le rodean.

CUERDA.—Si usted sueña que compra una cuerda, señal de que sus asuntos no andan bien. Si la vende, deberá desconfiar de ciertas habladurías. Si la cuerda está en buen estado, indica salud y larga vida. Gastada o rota, augurio de honores y poder.

CUERNO.—Los cuernos son anuncio de inesperadas ganancias, siempre que se trate de cuernos de animales. Si es uno mismo quien sueña que él los lleva en la frente, símbolo desagradable para los humanos, peligros e infidelidades. Sin embargo, llevarlos en la mano es un excelente presagio de bienestar. Oír tocar un cuerno de caza, próxima declaración de amor. Tocarlo, pequeños disgustos amorosos.

CUERPO.—Verse con su propio cuerpo enflaquecido, problemas y contrariedades en la vida. Si sueña que su cuerpo está sano y robusto, símbolo de bienestar y de riquezas.

CUERVO.—Es sueño de mal presagio. Si ve que se abalanza sobre usted clavándole sus garras, tendrá que recurrir a los malos oficios de un usurero, tratando de remediar su precaria situación. Ver varios cuervos, aflicciones y miserias. Oírlos graznar, auguran próximo entierro de un ser querido.

CUMBRE.—Soñar con la cumbre de algún monte, es significado de distinciones y honores en su trabajo. También puede ser buena señal de consecución de riquezas.

CUNA.—La cuna con el niñito dentro de ella, advierte de que llegará a tener una numerosa familia. Pero si la cuna se encuentra vacía, es posible que la futura madre tenga dificultades en su próximo alumbramiento.

CURA.—Augurio de próximos disgustos familiares. Si se hallan juntos varios curas, anuncio de muerte de una persona allegada o de un querido amigo.

CH

CHACAL.—Soñar con este hediondo animal, significa que debe ser sólo uno mismo quien ha de resolver sus cuitas y problemas, sin contar con ninguna otra persona.

CHAL.—Llevar un chal blanco o de colores vistosos, indica disgustos pasajeros; si en cambio es negro o de colores obscuros, augurio de pesares y lágrimas. Si sueña que lo está comprando, señal de matrimonio inesperado. Si lo está vendiendo, molestias y contratiempos.

CHALECO.—Debes procurar evitar despilfarros de dinero, con lo cual acrecentarás tu fortuna. Gastarlo tontamente, te llevará a la ruina.

CHAMPAÑA.—Soñar con champaña, indica que no debes dilapidar tu caudal, so pena de perder lo que tienes.

CHAMPIÑON.—Tanto si sueñas que los comes como si los ves comer, anuncio de larga y venturosa vida.

CHAPOPOTE.—Si la persona que lo sueña se halla enferma y ve que alguien le unta el cuerpo con él, pronto se aliviará gracias a una eficaz medicina que le recetará un amigo.

CHARLATAN.—Verlo y oírlo en una plaza pública, significa que habremos de tener prudencia en el caso de que llegásemos a comprar alguno de los productos que ofrece, ya que esto nos aportará disgustos y enfermedades.

CHICHAROS.—Si usted sueña que simplemente los compra, es buena señal, que significa que pronto llevará a cabo una de sus más deseadas ilusiones. En cambio, soñar que los come, anuncio de graves problemas.

CHICLE.—Soñar que es uno mismo quien lo masca, augurio de habladurías y maledicencias. Ver a otra persona mascarlo, pérdida de caudales.

CHILE.—Esté alerta con alguno de sus vecinos cuya lengua viperina puede acarrearle muchos disgustos.

CHIMENEA.—Si está encendida, indicio de gratos placeres; apagada, pesadumbre.

CHINCHES.—Prepárese a pasar por una vergüenza que mucho habrá de apenarle.

CHINO.—Soñar con un solo chino, señal de un próximo y agradable viaje. Si hace negocios con él, aumento de prestigio y de pingües ganancias. Si son varios chinos con quienes sueña, ese mismo negocio puede fracasar.

CHISME.—Si se sueña con gentes chismosas, tal sueño no puede traer más que chismes.

CHISPA.—Ver chispas en sueños, no es cosa grata. Mas tenga en cuenta que si se halla en escaseces y contrariedades, éstas pronto cambiarán en abundancias y felicidad. Pero esté alerta, puede ser también augurio de un incendio.

CHIVO.—Ver una manada de chivos, luctuosa noticia de la muerte de un familiar, lo que le afectará notablemente.

CHOCOLATE.—Estar tomando chocolate, es significado de paz, salud y satisfacciones en el hogar.

CHOFER.—Si es usted quien maneja el automóvil, señal de penas y contrariedades. Si es otra persona quien lo conduce, pequeña aventurilla amorosa.

CHORIZO.—Soñar que come chorizo, ganancia de dinero.

CHOZA.—Hallarse sólo en una choza, le avisa descanso y tranquilidad. Si en ella también se encuentran otras personas, pronto adquirirá una buena amistad. Pero si la choza está abandonada, sufrirá la pérdida de uno de sus mejores amigos.

CHOCAR.—Si caminando por la calle o manejando un automóvil, choca contra otra persona o vehículo, es indicio claro de que usted debe templar sus nervios o modo de ser, para evitarse muchas dificultades.

D

DADOS.—Soñar que usted juega una partida de dados, le anuncia habladurías de los vecinos o del lugar donde trabaja. Verla jugar, tendrá motivo para alegrarse en breve del triunfo de algún familiar. O bien podría ocurrir que se sacara un buen premio en la Lotería.

DAMA.—Si la dama con quien sueña es un dechado de elegancia, augura relaciones engañosas. Ver a varias damas reunidas, procure guardarse de murmuraciones.

DAMAS.—Tratándose del juego de damas, señal de malos negocios.

DANZA.—Si usted está bailando, pronto contraerá una buena y conveniente amistad.

DATIL.—Símbolo de alegría y de buena salud.

DEDAL.—Soñar con un dedal, llevándolo usted puesto, anuncio de bienestar familiar. Si es persona casada, señal de herencia.

DEDOS.—Si están cargados de anillos, indica orgullo que puede ocasionarle contrariedades. Si sueña que tiene más de cinco dedos en la mano, anuncio de herencia. Si los dedos son pequeños o aparecen cortados, pérdida de familiares o amigos.

DEGOLLAR.—No debe preocuparle si usted sueña que le corta el cuello a un semejante, ya que este sueño indica en la vida real que hará un gran favor con fines benéficos a la persona a quien usted degüella. Si, por contra, sueña usted que alguien le degüella, esa misma persona será quien le ayudará para resolver sus problemas.

DELANTAL.—Si eres ama de casa cuando lo sueñas, gozaras de una buena servidumbre.

DELATAR.—Si delatas a una persona, sufrirás enfermedades y tristezas.

DENTISTA.—Si lo ves o te atiende en su profesión, serás víctima de engaños.

DERRAMAR.—Soñar que derramas vino, símbolo de alegría. Otros líquidos, tropiezos en tu trabajo o negocio.

DESAFIO.—Anuncio de líos familiares o rivalidades entre parientes o amigos.

DESAPARICION.—Si sueñas que algo se te ha perdido y no lo hallas, recibirás una visita inesperada. Y ya verás cómo encontrarás alguna cosa que tú buscabas y considerabas perdida para siempre.

DESAYUNO.—Soñar que estás tomando tu desayuno, significa alegría y contento en una próxima reunión familiar o de amigos.

DESAZON.—Indica que te aquejará una desgracia que, afortunadamente, no tardará en convertirse en alegría.

DESCONOCIDO.—Ver en sueños a una persona desconocida, es indicio de feliz éxito en el trabajo o negocio.

DESESPERACION.—Este sueño significa todo lo contrario, ya que presagia mucha alegría y felicidad próxima.

DESFILE.—Si soñamos en un desfile de soldados o de personas en general, es signo de amistad entre los amigos.

DESIERTO.—Caminar por un lugar desierto, indica fatigas. No obstante, debe procurar no desanimarse y lograr el triunfo.

D

DESMAYO.—Si sueña usted que se desmaya, es síntoma de pensamientos voluptuosos.

DESNUDO.—Soñarse en completa desnudez, es señal de próxima enfermedad y mala situación. Si es usted quien sueña con un hombre desnudo, denota intranquilidad durante unos días. Si sueña con una mujer, desengaños. Ver a un pariente o amigo, discordia.

DESORDEN.—Ver la casa y las cosas en desorden, significa disgustos pasajeros. Si eres tú quien lo promueve, inconvenientes y sinsabores.

DESPEDIDA.—No es grato tener este sueño. Casi siempre es señal de contrariedades y malas situaciones.

DESPENSA.—De mal augurio es soñar con una despensa, ya que indica que una persona de tu mayor afecto sufrirá grave dolencia.

DESPERTAR.—Si sueña que estando dormido viene alguien a despertarlo, deberá considerar esto como un aviso de que le causarán un fuerte disgusto.

DESTIERRO.—Hallarse en el destierro, es augurio feliz, a pesar de las gentes envidiosas que le rodean.

DEUDA.—Tener deudas en sueños, simboliza que pronto recibirá grandes beneficios.

DIA.—Soñar con un día claro y sereno, anuncio de alegría y de satisfacciones durante toda la jornada. Por contra, si el día es gris o lluvioso, su ánimo amanecerá pesimista y tal estado no es precisamente señal de emprender trabajos ni negocios.

DIABLO.—Es uno de los peores sueños que podamos tener. En cualquier forma que sea en que se sueñe, verlo, intervenir con él, puede ser causa de que le roben, que le den una mala noticia y de que a alguien le ocurra un accidente. ¡Dios nos libre de tal sueño!

DIAMANTE.—Si usted los lleva, anuncio de grave pena moral.

Verlos llevar a otras personas, señal de paz y de tranquilidad. Encontrarlos, significa desazones; perderlos, ganancias y regalos.

DIARREA.—Sufrir uno mismo de diarrea, es indicio de que habrá de gozar de un dinero que recibirá inesperadamente. Si es otra persona quien está atacada de este mal, indica que a ésta le tocará la lotería.

DIBUJO.—Si es usted el que dibuja o bien ve que lo hace otra persona, sólo es señal de amor y afición a las bellas artes.

DICCIONARIO.—Verlo abierto, dedicación a las ciencias. Si está cerrado, procure no dejarse llevar por los consejos de otras gentes.

DIENTES.—Unos dientes sanos, es señal de alegría y de buenas amistades. Si sueña que se los arrancan a usted, recibirá malas noticias; verlos arrancar a otros, indican torpes e interesadas amistades. Desde luego, unos dientes picados, simbolizan próxima enfermedad.

DIJE.—Soñar con un dije, augurio de casamiento por interés. Si es un hombre quien lo sueña, es recomendable no llevar a cabo su boda con una mujer de mayor edad que usted.

DILUVIO.—Siempre es presagio de contrariedades y desgracias familiares y pérdidas en los negocios.

DIMITIR.—Soñar que dimite de un empleo o cargo, es señal de bienestar y aumento de ingresos.

DINERO.—Si sueña que lo está contando, pronto tendrá buenas ganancias en sus negocios. Si se lo encuentra, indicio de futuras escaseces de él.

DIOS.—Soñar que pide ayuda a Dios, tendremos dulce consuelo de nuestras penas y mejoras en nuestra salud y trabajo.

DIOSA.—Ver una diosa, es anuncio de maledicencias y contrariedades.

DIPUTADO.—Si sueña que es usted diputado, señala próximas ingratitudes y penalidades.

DISCURSO.—No pierda el tiempo en promesas y palabrerías que a nada habrán de conducirle.

DISFRAZ.—Verse disfrazado en una fiesta, es señal de momentánea alegría. También indicio de conquistas amorosas.

DISGUSTO.—Soñar que se siente disgustado o enojado, puede achacarlo a un exceso de nerviosismo por sus preocupaciones y trabajos. Procure tomarse un buen descanso en vacaciones.

DISLOCAR.—Si soñamos que en un accidente nos dislocamos un miembro, anuncio de pérdida de dinero. Seamos cautos.

DISPUTA.—Si es entre hombres, señal de envidias provenientes de familiares o amigos. Si la disputa es entre mujeres, molestias.

DIVERSION.—Andate con cuidado si sueñas con diversiones, ya que por afición a ellas podrás perder un buen negocio.

DIVORCIO.—Es presagio de celos e intrigas conyugales en el hogar. Si queremos ser felices en nuestro estado matrimonial, tendremos que poner remedio para así conseguirlo.

DOCTOR.—Si el doctor entra en nuestra casa para atender a un enfermo, indica que algo malo puede alterar nuestra vida.

DOLOR.—Soñar que algún dolor le aqueja, recibirá noticias del estado delicado de un familiar.

DOMADOR.—Anuncio de éxitos pasajeros.

DOMINIO.—Tratándose del disfraz de este nombre, intrigas de amor. Si sueña que juega al dominó, indica placeres y diversiones.

DORMIR.—Si es la mujer quien duerme con un hombre feo y desagradable, augura tristezas y enfermedades. Si se trata de un joven guapo y apuesto, desengaños. Si es el hombre el que duerme con una mujer bella y agradable, indica traiciones. Si con quien duerme es la propia esposa, malas noticias.

DOSEL.—Soñar que estamos bajo un dosel, significa dejadez y abandono por nuestra parte, lo cual puede ser causa de infortunio en nuestra vejez si no procuramos rectificar nuestra vida.

DOTE.—Este sueño es grato anuncio de dicha conyugal.

DRAGON.—Si soñamos con un dragón, nos indica que un buen amigo que ha llegado a alcanzar poder y dinero, tanto en los negocios como en la política, nos tenderá la mano para ayudarnos desinteresadamente.

DROGA.—Si en nuestro sueño nos vemos bien fumando mariguana u otras hierbas perjudiciales, o tomando cualesquiera de las drogas tan enemigas de nuestra salud que, desgraciadamente, ahora se acostumbran, no se nos ocurra, ya en la vida real, tratar de probar a hacerlo, pues ello nos acarrearía muchas desgracias.

DULCE.—El comer dulces, es signo de amarguras. Si sueña que los ofrece a otra persona, indica favores y atenciones de amigos. Si es a usted a quien se los brindan, recibirá agradables noticias.

DUQUE.—Soñar con una persona que ostenta el título de duque, símbolo de protección eficaz. En cambio, si se trata de una duquesa, usted se enamorará de alguien que sólo le aportará humillaciones.

DURAZNO.—Duraznos arrancados del árbol, significan tristezas pasajeras. Si todavía están en el árbol, penas de carácter familiar. Comerlos, es señal de graves contrariedades y aun anuncio de muerte de un ser querido. Si es mujer quien sueña con ellos, viejos recuerdos de un amor que le causará tristezas y desazones.

E

EBANISTA.—Soñar con la persona que se dedica a elaborar muebles de ébano, indica peligro y mengua de nuestra fortuna.

ECO.—Si es usted quien oye su propia voz, anuncio de un favorable suceso. Si el eco proviene de otra persona, será señal de maledicencias. Procuremos cuidar nuestra salud.

EDAD.—Si sueña con una persona anciana, indica ternura. Si usted confiesa su edad, anuncio de una nueva y buena amistad. Por el contrario, si la oculta, perderá uno de sus mejores afectos.

EDIFICIO.—Este sueño significa que usted debe procurar cumplir con sus compromisos.

EJECUCION.—Ver ejecutar a un reo, nos augura próxima ayuda de una persona que nos aprecia.

EJERCITO.—Si el ejército que usted ve en sus sueños demuestra orden y disciplina, podrá contar con buenas amistades. Si lo ve huir en derrota, puede que sufra una afrenta, la cual debe usted perdonar para evitar mayores males.

ELECTRICIDAD.—Amor que te causará contrariedades. Cuidado.

ELEFANTE.—Soñar un elefante, predice enfermedad grave. Si va montado en él, indicio de esfuerzos y trabajos con los cuales alcanzará fama y prestigio.

ELEVADOR.—Si sueñas que va lleno de personas, significa que tus negocios irán bien. Funcionando hacia arriba, tu situación cambiará favorablemente. Si baja, y además está vacío, decepciones y pérdidas de dinero.

EMBAJADOR.—Si eres tú quien ocupa este cargo, realizarás un viaje. Verlo, asistirás a una agradable fiesta entre amigos.

EMBALAJE.—Es signo de buen augurio para tu trabajo o negocio.

EMBALSAMAR.—Anuncio de una enfermedad larga y penosa.

EMBARAZO.—Soñar con una mujer encinta, señal de penas y contrariedades. Pero en el caso de que uno sueñe que la mujer en tal estado es su esposa, amiga o pariente, las penas serán para ella.

EMBARCACION.—Si ésta se desliza por aguas apacibles, indica éxito en tu trabajo. Si las aguas se encuentran agitadas, señal de disgustos y discordias.

EMBARGO.—Soñar con un embargo y en la vida real te hallas amenazado de él, procura pagar pronto tus deudas para no verte metido en desagradables líos judiciales.

EMBOSCADA.—La persona que sueñe caer en una emboscada, deberá tomar precauciones con respecto a sus bienes.

EMBUDO.—Vigila tu negocio o intereses, ya que estás expuesto a que uno de tus empleados o servidores te roben.

EMPEÑO.—Si por tu situación acudes a una Casa de empeños a pignorar alguna de tus pertenencias, procura rectificar tu modo de ser y obrar, ya que este sueño demuestra que no eres persona juiciosa y previsora y a la larga acabarás en la miseria.

EMPERADOR.—Soñar con un emperador o platicar con él, señala preocupaciones y contrariedades.

EMPERATRIZ.—Es signo de pérdida de empleo, reputación y aun dinero.

EMPLEO.—Si sueñas que andas buscándolo, dolores. En caso de conseguirlo, obstáculos. En cambio, si lo pierdes, ganancias.

E

EMPUJAR.—Soñar que alguien te empuja, es una advertencia de que un amigo trata de perjudicarte. Si eres tú quien empuja a otra persona, procura rectificar tu carácter o habrás de arrepentirte.

ENANO.—Si sueñas con un enanito, es anuncio de que no debes fiarte de uno de tus empleados o sirvientes que tratan de robarte.

ENCAJE.—Ver o poseer encajes, señala prontas y felices realizaciones en tus proyectos amorosos y mejoramiento de posición.

ENCENDEDOR.—Está en puerta un lance de amor que te causará algunas contrariedades. Ten cuidado.

ENCINA.—Ver en sueños una encina frondosa, es señal de larga vida y riquezas. Si la encina está sin hojas, indica ruina. Verla derribada, pérdida de dinero.

ENEMIGO.—Soñar con un enemigo, augurio de penas, por lo que deberás controlar tus amistades.

ENFEMERA.—Grato indicio de salud y bienestar.

ENFERMO.—Si es uno mismo quien está enfermo, señal de dolor, tristeza y traiciones. Visitar a un amigo que se halla postrado en el lecho a causa de enfermedad, gratos goces familiares.

ENREDADERA.—Estando en su casa la enredadera, significa relaciones amorosas. Si estuviera seca, señal de pena a causa de una noticia que le afectará íntimamente. Si sueña que la arranca, discusiones conyugales.

ENSALADA.—Preparar o comer una ensalada, presagia dificultades en la familia.

ENTIERRO.—Asistir a un entierro, augura el próximo casamiento de un pariente o gran amigo. Si sueña que es a uno mismo al que entierran, estando todavía vivo, presagio de terrible desgracia.

ENVOLTORIO.—Tendrá que cuidarse de una persona celosa que le vigila constantemente.

EQUIPAJE.—Roto y maltratado, señala vejez prematura. Nuevo, indica irresponsabilidades juveniles.

ERMITA.—Inesperada traición de una persona a quien considerábamos como uno de nuestros mejores amigos.

ESCALERA.—Verla, señal de mejoras en su trabajo o negocio. Subir por ella, también señala bienestar en su actual situación. Descender, deberá cuidar su salud.

ESCAMAS.—Soñar con las escamas de pescado, denota falsa prosperidad y mengua de sus ilusiones.

ESCARABAJO.—Es de buen agüero soñar con este animalucho, ya que indica mejoras en su vida, como justo premio a las deferencias y favores que usted ha prodigado entre sus amistades.

ESCARAPELA.—Si no rectificas tu conducta y modo de ser, tu torpe vanidad te aportará muchos perjuicios.

ESCLAVO.—Si se sueña ser uno mismo un esclavo, deberá considerarlo como feliz anuncio de próximas y valiosas relaciones con personas que habrán de ayudarle.

ESCOBA.—Soñar con una escoba es símbolo de habladurías y comadreos, de los que tendrá que alejarse para evitar hallarse envuelto en sinsabores y perjuicios.

ESCRIBIR.—Si sueña que escribe un libro, indica que habrá de sentir una gran apatía inexplicable, de la cual saldrá apenas usted se esfuerce un poco en vencerla. Si lo que escribe son cartas, próximas y agradables noticias.

ESCUDO.—Es un mal sueño, pues indica amenaza de próxima citación judicial.

ESCUPIDERA.—Si sueña con una escupidera, pronto tendrá la satisfacción de reanudar una vieja amistad.

ESCUPIR.—El acto de escupir, augura pobreza y contrariedades. Si en el sueño escupe usted a otra persona, desprecio de amigos.

ESMERALDA.—Soñar con esmeraldas, es augurio de buena salud y brillante porvenir.

ESPADA.—Empuñar una espada, señal de éxito y prosperidad en sus negocios. Soñar simplemente con ella, le sobrevendrá un gran disgusto. Si otra persona lo hiere con una espada, indica conflictos morales.

ESPALDA.—Si es uno mismo quien sueña con su espalda, habrán de sobrevenirle infortunios irremediables.

ESPARRAGOS.—Cultivar espárragos es indicio de próximo bienestar. Si sólo los ve, habrá de llevar a cabo un deleitoso viaje. Tanto cultivarlos como venderlos, felicidad y alegría. En cambio, si usted los planta y los recoge, deberá andar con tiento respecto a asuntos amorosos.

ESPEJO.—Soñar con un espejo, lo mismo que si usted se ve en él, señala falsedad y traición por parte de parientes o amigos.

ESPINACAS.—Verlas, son símbolo de salud. Comerlas, es señal de bienestar hogareño. Sin embargo, limpiarlas, indican enfermedad.

ESPINAS.—Soñar con espinas es uno de los sueños más desagradables. Ellas auguran habladurías que pueden perjudicarnos. Al mismo tiempo, son amenaza de pérdida de nuestro empleo, de nuestra salud y de nuestros negocios. No obstante, deberá revestirse de voluntad y de fortaleza, para tratar de salir airoso y triunfante en estas predicciones.

ESPONJA.—Si uno sueña con esponjas, deberá rectificar su actual proceder por lo que se refiere a su avaricia, ya que este pecado capital puede acarrearle funestas consecuencias.

ESPOSA.—Ver en sueños a una esposa, significa paz, descanso y dulce vida.

ESPUELA.—Soñar con espuelas nos avisa que hemos de procurar no ser tan negligentes en nuestros asuntos, ya que esto será motivo de muchas dificultades.

ESPUMA.—Este sueño indica que, con su constancia y esfuerzo, llegará a que sus anhelos y deseos se cristalicen y obtenga el ansiado "sí" de la persona a quien ama.

ESQUELETO.—Si sueña con un esqueleto, es significación de larga vida para usted. Nunca debe temerse a la muerte, pues la muerte es vida.

ESTABLO.—Soñarlo, es símbolo de opulencia y de próximo casamiento.

ESTANDARTE.—Llevarlo, es indicio de ganancias y de honores.

ESTANQUE.—Como en todos los sueños en que se vea agua, si ésta es clara recibirás agasajos de buenos amigos. En cambio, si es turbia, desengaños y contrariedades.

ESTAMPA.—Soñar con estampas hermosas y bien dibujadas o grabadas, es augurio de aflicciones y penas. Pero si son desagradables y mal hechas, indica placeres y alegrías.

ESTATUA.—Si la estatua representa a una bella mujer, simboliza dicha y placeres. Si es de un hombre, desgracia y pesadumbre. Si cualesquiera de ellas te habla, anuncio de que debes recordar a tus seres queridos ausentes.

ESTIÉRCOL.—Soñar con estiércol es señal de abundancia, tanto en salud como en dinero.

ESTOMAGO.—Te duela o no te duela el estómago, soñar con él indica que estás malgastando tus bienes y debes oír consejos de personas que te guían, tratando de llevarte por el buen camino.

ESTORNUDO.—Estornudar en sueños es señal de inteligencia y de larga vida.

ESTRECHEZ.—Vestidos, sombreros o calzado que soñemos que nos viene estrechos, significa carencia de medios y de dinero para remediar nuestra precaria situación. Pero nunca debemos desanimarnos, pues con el trabajo y buen comportamiento, seguramente mejoraremos nuestro actual estado.

ESTRELLAS.—Ver resplandecer las estrellas en el firmamento, indicio de felicidad, de prosperidad, de amor, de salud y de cuanto bueno y hermoso pueda desear el hombre. Lucirlas sobre la frente, éxitos, agradables viajes y noticias que habrán de llenarnos de alegría.

ESTRIBOS.—Soñarlos indica buenas noticias y placenteras noticias.

ESTUCHE.—No tardarás en descubrir algunos objetos que creías haber perdido.

ESTUDIANTE.—Soñar con muchachos estudiantes, recibirás la infausta noticia de un ser querido.

ESTUFA.—Si es que sueñas con una estufa, debes prepararte para desembolsar dinero de gastos inesperados.

EXAMEN.—Soñar que te presentas ante un examen, significa que te sobrevendrán trabajos inesperados, pero por los cuales tu labor habrá de serte largamente recompensada.

EXCREMENTO.—En la interpretación de los sueños y, por regla general, parece increíble que todo cuanto signifique maldad, fealdad, porquería, desaliño, dificultades y mortificaciones, sea augurio de cosas, sucesos y casos de gratas premoniciones, ya que en este específico suceso de soñar con excrementos, indica prosperidad, éxitos, dinero, honores, dulces amoríos, firmes amistades y todo cuanto de bueno pueda desear y apetecer el hombre.

EXCUSAS.—Trata de rectificar tu conducta, buscando evitar que las gentes que te rodean estén tramando engaños contra ti y tus allegados.

EXEQUIAS.—Señal de fortuna que nos llegará por herencia o por un ventajoso matrimonio.

EXILIO.—Partir hacia el exilio, a pesar de nuestro dolor, significa éxito, no obstante los inconvenientes que puedan presentársenos. Mas si uno se expatria por su propia voluntad, tal vez habremos de arrepentirnos.

EXPOSICION.—Si la exposición se trata de obras de arte, infundirá alegría en nuestro corazón. Otras exposiciones menos gratas, augurio de muerte para algún familiar o amigo.

EXTRANJERO.—Si soñamos recibir una persona extranjera en nuestra casa, simboliza paz y amor. La hospitalidad es como una grata demostración de amor y de paz entre los humanos.

F

FABRICA.—Si una persona sueña que es propietario de una fábrica, es anuncio de que recibirás beneficios.

FACHADA.—Soñar con la fachada de un hermoso o moderno edificio, indica que sus ilusiones y deseos no tardarán en cumplirse. Si la fachada es de algún edificio religioso, recibirás noticias de que un familiar o amigo que estaba enfermo, ha entrado ya en franca mejoría.

FAISAN.—Anuncio de honores y de buena salud.

FAJA.—Si es usted quien la usa, es señal de que habrá de cuidarse de habladurías que pueden perjudicarle, así como de una enfermedad de carácter maligno.

FAMILIA.—Si ve en su sueño toda la familia reunida, vaticina bienestar y estabilidad material.

FANTASMA.—Es de buen augurio soñar con un fantasma que lleva su túnica blanca, pues representa salud y alegría. Si su túnica es negra, le amenazan contrariedades y traiciones. Si sueña con muchos fantasmas, angustias y penalidades.

FARDO.—Cargar con un fardo, presagio de penosos trabajos.

FARO.—Contemplarlo a lo lejos, cuídese de sus enemigos. Si se halla dentro, señal de buena oportunidad para emprender cualquier empresa o negocio.

FAROL.—Llevar un farol en la mano y éste alumbre con l[...] blanca, anuncio de éxitos; pero si el farol despide la luz ro[...] recibirá noticias que habrán de causarle disgustos.

FATIGA.—Si usted sueña que se encuentra muy fatigado, pro[...] tendrá una justa recompensa a su dedicación y trabajo.

FAVOR.—Soñar que solicita un favor de una persona pudie[...] y encumbrada, es signo de fracaso. Pretender los favores de u[...] hermosa mujer, recibirás desprecios. Recibirlos de una aman[...] íntima alegría aunque de corta duración.

FERIA.—Hallarse en una feria, es augurio de necesidades, d[...] zones y problemas familiares.

FERROCARRIL.—Si sueñas que viajas en ferrocarril, anuncio que lograrás lo que deseabas. Pero si choca y descarrila, [...] deseos se verán malogrados.

FICHA.—Si las fichas son de las que se usan en algunos jueg[...] tanto tú como tu familia se verán envueltos en chismes y hab[...] durías.

FIDEOS.—Soñar que los come, augura un próximo viaje.

FIEBRE.—Si tiene fiebre la persona que lo sueña, es indicio penas y sinsabores.

FIERA.—Verse acorralado por animales salvajes, señal de q[...] algún enemigo trata de causarle mucho mal.

FIESTA.—Soñar que uno se halla en una fiesta, si es usted qui[...] la ofrece, es indicio de habladurías y desagradecimientos. asiste a ella como invitado, pasajera alegría.

FIRMA.—Estampar en sueños su firma es algún documento, [...] augurio en asuntos de su trabajo.

FISTULA.—Si sueña que usted tiene alguna fístula, no tardará recibir visitas desagradables, a las que tendrá que atender.

FLAUTA.—Señal de fracaso en cuestiones o pleitos.

F

FLECHA.—Soñar con flechas indica, por regla general, llegada de disgustos, contratiempos y adversidades.

FLORERO.—Si sueña con un florero lleno de flores, recibirá gratas noticias de familiares. Si está vacío o las flores están mustias, las noticias no le serán muy agradables.

FLORES.—Verlas bellas y lozanas, es señal de próximos amores. Si están marchitas, desengaños por frustrados amoríos. Si son de papel, plástico o de cera, la decepción amorosa será mucho más desagradable. Cortarlas, indicio de triunfos sentimentales que le proporcionarán gran felicidad. Y si las huele, será anuncio de próximas noticias que habrán de llenarle de satisfacción.

FLORISTA.—Si es usted la florista, cuídese de alguna persona que trata de desprestigiarle. Si sueña con una vendedora de flores, recibirá malas noticias.

FLUJO.—Si el flujo es de sangre, advenimiento de prosperidad y riquezas. Si es de vientre, dificultad en su trabajo o negocio.

FOCA.—Aunque este sueño indica que uno de nuestros mejores amigos trata de meterse en lo que no le importa, no deberemos desconfiar de él, ya que sabemos que es un poco marrullero.

FORRAJE.—Buen sueño que nos augura riqueza y amistad.

FORTALEZA.—Soñar con una fortaleza, nos prepara para tener resistencia y firme voluntad para vencer cualquier obstáculo.

FORTUNA.—Augura graves peligros y contrariedades.

FOSO.—Si soñamos que saltamos un foso o una zanja, nos indica que nos salvaremos de un grave peligro.

FOSFORO.—Soñar con fósforos o cerillos, preparémonos a una agradable reconciliación con una persona de la que habíamos estado alejados por causa de habladurías.

FOTOGRAFIA.—Ver el retrato de una mujer bonita, augura buenos sucesos que habrán de beneficiarnos tanto moral como materialmente. Si la fotografía es de un amigo, esperemos encontrar nos con él después de largo tiempo de no habernos visto.

FRAMBUESA.—Soñar con esta fruta, signo de buena suerte.

FRASCO.—Este sueño le advierte que debe portarse con la mayor consecuencia en una próxima fiesta donde estará invitado, procurando no beber más de lo conveniente para evitarse dar un mal espectáculo.

FREIR.—Si sueñas que fríes o estás viendo freír algún comestible cuídate de las mujeres que puedan complicarte tu vida. Si está comiendo lo que has frito, procura cuidar tus bienes.

FRENO.—Si el freno es de un caballo, señal de continuas discusiones con la esposa. Si se tratase de frenos de automóvil, indica que debes ser prudente y comedido en tus actos.

FRENTE.—Frente ancha, señal de que eres persona que vales. Si es estrecha, deberás contener tus malos deseos o intenciones.

FRESAS.—Verlas, signo de vida apacible. Si sueñas que las comes inesperadas ganancias y felicidad; pero si las ofreces a otra persona, decepción.

FRIJOL.—Soñar con frijoles, tanto si los ves como si los comes es señal de embrollos y contrariedades.

FRIO.—Si en su sueño siente mucho frío, conocerá a una mujer con la que contraerá buena amistad, la cual puede que se convierta en un lazo de matrimonio. Si el frío no fuera muy intenso quedará en una simple y sencilla amistad, aunque llena de afecto.

FRUTA.—Ver, recolectar o comer frutas, es señal de sencillos goces y pequeños éxitos.

FRUTERIA.—Si sueñas que es usted el dueño y su establecimiento está bien provisto de frutas, pronostica prosperidad y ganancias. Por contra, si su tienda se ve carente de mercancía, augura estrecheces y limitaciones de dinero.

FUEGO.—Si el fuego que usted sueña es el dulce fuego del hogar a cuyo calor se reúne la familia, felicidad y bienestar para todos. Si el fuego es destructor, es señal de violencias, contrariedades y sinsabores. Fuegos artificiales, simbolizan diversiones domésticas.

FUELLE.—Soñar que ve o usa un fuelle para avivar, supongamos, un fuego, amenaza de calumnias y maledicencias.

FUENTE.—Si la fuente mana agua clara, señal de felicidad y alegría. Si el agua es turbia, todo lo contrario.

FUGA.—Si sueña que se evade de una cárcel, es aviso de que usted trata de escapar, en su vida real, de los perentorios compromisos o responsabilidades que tiene. Con toda valentía haga frente a sus problemas. no buscando eludir con excusas ni falsas soluciones su situación, que con todo ánimo y corazón pueden ser vencidas.

FUMAR.—Si en el sueño es usted quien fuma, señal de peligro. En vez de cigarrillo fumar un cigarro puro, próxima reconciliación con un familiar o persona de su amistad con quien estaba separado. Fumar en pipa es augurio de larga enfermedad.

FUNDA.—Término feliz de un asunto que te tenía preocupado.

FUNDICION.—Es signo de progreso y opulencia, siempre que trabajes con esfuerzo y dedicación.

FUSIL.—Soñar que lo disparas, próximos disgustos.

FUSILAMIENTO.—Ver fusilar a alguien, pronto llegarán a tus oídos noticias de algún caso o suceso que habrá de mortificarte. Si sueñas que te fusilan a tí, recibirás una mala noticia que nunca esperabas.

G

GAITA.—Soñar que uno toca la gaita, augura una mala noticia que más tarde redundará en inesperados beneficios.

GALEOTE.—Indica que deberá tener valor y presencia de ánimo en un asunto difícil que puede presentársele. Si sueña que el galeote se evade de la galera, anuncio de rencillas familiares.

GALERA.—No tardarás en recibir un gran favor.

GALLETA.—Si se sueña con galletas, pronostica salud y buena fortuna.

GALLINA.—Si cacarea, señal de disgustos de familia. Si pone huevos, recibirá beneficios. Rodeada de sus polluelos, pérdidas. Si sueña que come su carne, pronto le pagarán una deuda.

GALLINERO.—Soñar que el gallinero está vacío, es anuncio de miserias; pero si está repleto de gallinas, es indicio de éxitos.

GALLO.—El canto del gallo pronostica triunfos. Si soñamos que nos lo comemos, no tardaremos en salir de nuestros problemas.

GALON.—Tratándose del galón que sirve como adorno, deberá usted rectificar su carácter si no quiere verse despreciado.

GALOPAR.—Si el caballo en que galopas es blanco, recibirás satisfacciones. Siendo negro, vencerás un peligro que te acecha.

GAMO.—Matar un gamo es signo de éxito. Verlo corriendo por el bosque, vida feliz y apacible.

GANADO.—Si la persona que cuida del ganado es pobre, recibirás alegrías y beneficios; si quien lo guarda es gente rica, señal de desavenencias.

GANGRENA.—Si es uno mismo quien sueña tener tan terrible mal, procure tomar medidas para evitar volver a sufrir una vieja enfermedad que consideraba como ya curada. Si es otra persona que tiene gangrena, indica pérdida de amistades.

GANSO.—Soñar con un ganso, es señal de pleitos familiares.

GARBANZO.—Si es usted quien los come, augurio de riñas y desavenencias entre seres queridos.

GARGANTA.—Este sueño puede interpretarse como que en la vida real usted padece de la garganta y su mente está obsesionada por el verdadero malestar que siente. Pero si usted no sufre de ella, pronto recibirá buenas noticias.

GARRAS.—Soñar con las garras de algún animal, le aportarán atenciones de compañeros y amigos.

GARZA.—Si se sueña con garzas, señala peligro de robo. Si por desgracia ha perdido usted un objeto valioso, fracasará en su búsqueda.

GAS.—Si en su estufa está el gas encendido, buenos augurios. Apagado, indica sinsabores. Si en su sueño explotara y hubiera un escape, señal de peligro cercano.

GASA.—Soñar con gasa o verse envuelto en ella, viene a resurgir nuestra natural modestia, que deberemos mantener en el transcurso de nuestra vida.

GASOLINA.—Este sueño trae tristezas, ya que el deseo o problema que tenemos será difícil de solucionar.

GATO.—Es augurio de mal sueño, ya que verlo, oírle maullar o luchar contra él, nos anuncia desengaños, traiciones, enfermedades y amarguras.

G

GAVILAN.—Verlo volar, indicio de que deberás cuidarte de algún enemigo que busca tu dinero y tu ruina.

GAVIOTA.—Este sueño te avisa de que saldrás de tus agobios e incluso es anuncio de un viaje feliz.

GELATINA.—Si es que sueña con gelatina, es mal augurio para su salud, en particular si usted sufre de los pulmones.

GEMELOS.—Tratándose de gemelos de teatro, grato bienestar. Si se trata de hijos, fortuna y abundancia.

GENDARME.—Verlo en sueños, anuncia dicha en el matrimonio, aunque si se tienen hijas, debe procurar vigilarlas.

GENTE.—Soñar con mucha gente indica que le invitarán a una boda.

GERANIOS.—Si sueña con ellos, deberá tratar de hacer seguir por mejor camino a una persona a quien quiere y que si no rectifica su modo de ser, podrá traerle a usted muchas contrariedades.

GIGANTE.—Signo verdaderamente favorable para todo aquel que sueñe con gigantes y monstruos.

GIMNASIA.—Si una mujer sueña que está haciendo gimnasia, le augura felicidad en su matrimonio. Si se sueña con jóvenes que se dedican a estos ejercicios físicos, símbolo de alegría, salud y bienestar.

GITANA.—No deje de cuidarse si sueña con una gitana de esas que tratan de decirle su buenaventura, ya que tal sueño puede acarrearle una enfermedad.

GLADIOLAS.—Soñar con gladiolas, es franca señal de que recibirá protección de persona que mucho le estima.

GLOBO.—Si el globo es aerostático, reprima de momento sus ímpetus de grandeza. Si fuera de cristal, desengaños amorosos.

GLORIA.—Soñar con la gloria, no es motivo para esperar prosperidades, pero sí puede significar éxitos personales debidos a nuestro comportamiento y esfuerzos.

GOLONDRINA.—Ver las golondrinas volar, anuncian buenas no ticias o visitas de parientes a quienes mucho se estima. Si sueñ con un niño, alegría y felicidad en el hogar de usted.

GOLPES.—Si en sueños ve que le golpean, es señal de contrari dades, aunque leves. Si esos golpes se los han dado por error e la persona atacante, recibirá satisfacciones.

GONDOLA.—Infausto sueño, ya que indica que asistirá al sepel de una persona querida.

GORDURA.—Si uno se ve en sueños mucho más gordo de lo qu es, le anuncia ayuda de amigos, herencia y prosperidad y salu en la familia.

GORRA.—Si la lleva puesta, dificultades familiares. Si es us mismo quien las hace, éxitos en sus negocios.

GORRION.—Verlos en sueños, indica que debemos reprimirn en nuestros defectos.

GOTAS.—Si las gotas son de agua y brillantes, es buena señal, que son indicio de prestigio personal y aumento de sus negocio Si se trata de la enfermedad de la gota y es usted quien la sufr amenaza un grave peligro.

GRANADA.—Granada roja y madura, indica ganancias y dine Si está verde, enfermedad y pesares.

GRANADERO.—Tu valor y presencia de ánimo, pronto habrán ponerse a prueba en un asunto en que saldrás triunfante.

GRANERO.—Procura librarte de ciertas tentaciones que sólo drán causarte sensibles perjuicios.

GRANIZO.—Si sueñas ver granizar, augurio de malas notici Si donde graniza es en el campo, indicio de necesidades y simos negocios.

GRANJA.—Este sueño es señal de felicidad para la persona q entra en ella; si la habitas, prosperidad en tu negocio o traba

G

GRANJERO.—Ser granjero o platicar con persona que lo sea, pronostica bienestar en la casa y mejoramiento en la salud.

GRANO.—Granos de trigo simbolizan alegría y abundancia . Si son de arroz, magnífica salud. De uva, habrás de imponer tu amor y autoridad sobre un miembro de tu familia dominado por la embriaguez. Si los granos son en la piel, procura, ser más comedido y no coneter imprudencias ni excesos.

GRASA.—Soñar con grasa o substancias grasosas, es señal de que debes procurar reportarte en tu modo de proceder, ambicionando ganancias o riquezas ilegalmente, ya que ello puede acarrearte muchos sinsabores.

GRATIFICACION.—Si sueñas que eres tú quien la recibe, te anuncia que has de ser más liberal y caritativo en tus obras. Si eres tú quien la das, habrás de recibir un premio a tu amor y desprendimiento.

GRIETA.—Si en tu sueño ves una grieta en la tierra o en una pared, encontrarás trabajo o dinero que mejorará tu situación.

GRILLO.—Oyéndolo cantar dentro de la casa, es señal de alegría; pero si canta en pleno campo, anuncia maledicencias.

GRIPE.—Mal augurio es para uno soñar que sufre de gripe, ya que pronostica penas y contrariedades.

GRITO.—Por regla general, soñar que uno grita u oye gritar, indica desgracias, traiciones, pérdidas y falta de salud, tanto en usted como en alguno de sus familiares.

GRUTA.—Señala bienestar y éxito, siempre que este sueño no le impresione y trate de separarse de familiares y amigos.

GUADAÑA.—Si sueña con una guadaña, es aviso de que debe considerar su situación con respecto a su bienestar adquirido por ganancias mal habidas.

GUANTE.—Soñar que uno lleva buenos guantes, señal de felicidad; rotos y sucios, contrariedades. Comprarlos, próxima visita de una persona de su afecto.

GUERRA.—La guerra augura honores y tranquilidad, siempre que en su vida real procure tomar precauciones para evitar que alguien ajeno a su casa y trabajo se inmiscuya en sus asuntos.

GUIJARRO.—Líbrese de proposiciones e intrigas de alguna persona que declara ser su amigo incondicional.

GUILLOTINA.—Vaya con cuidado tratando de evitar alguna contrariedad que puede sobrevenirle. Sea prudente.

GUIRNALDA.—Soñar con guirnaldas es símbolo de fiestas y de algún próximo casamiento que bien pronto sabrá.

GUISADO.—Si ves o comes un guisado, es sueño que debe recordarte el cumplimiento de tus obligaciones.

GUITARRA.—Si la toca bajo la ventana de una mujer amada, será correspondido en sus amores. Soñar con un conjunto de guitarristas, es señal de próximas y gratas noticias de un familiar o amigo ausente de la patria.

GUSANO.—Debes procurar separarte de algún enemigo envidioso.

H

HABAS.—El soñar con habas, por regla general, es de mal augurio. Su significado es señal de disputas, riñas, pleitos, deudas, enfermedades y graves complicaciones en nuestra vida.

HABITACION.—Si en sueños estamos en una habitación, que no es la nuestra, es presagio de que en los negocios, aspiraciones y deseos que emprendemos, ansiamos y esperamos, habremos de tomar toda clase de precauciones, no dejándonos llevar ni dirigir por otras personas. Sea usted solo quien los solvente y triunfe.

HABITO.—Si el hábito que vestimos es nuevo, indica alivio de sus males, en caso de que usted se encuentre enfermo. Si es viejo y andrajoso, mejoría en su actual situación.

HABLAR.—Soñar que nosotros mismos nos escuchamos, es señal de calumnias. Hablar con personas que no conocemos, inconvenientes familiares. Si hablamos con un amigo, ligeras contrariedades.

HACHA.—Soñar con un hacha es signo de amenazas y peligros. Procure no buscar pleitos con nadie, ya que el resultado podría serle lamentable.

HACIENDA.—El sueño en que aparezca una hacienda o rancho y sus tierras se ven bien cultivadas, es señal de que la suerte le favorecerá en sus trabajos. Por contra, si la hacienda se halla sin cultivar y abandonada, tendria penas y desalientos.

HADA.—Anuncia que conocerá a una mujer, de la que procurarás alejarte si no quieres complicar tu vida.

HALCON.—Si usted ve un halcón, indica peligro cercano. En cambio, si lo mata, señal de prosperidad en su negocio.

HAMACA.—Mecerse en ella, pronostica noticias de una persona que vive allende el océano. Solamente verla, augurio de viaje.

HAMBRE.—Si sueñas que padeces hambre, señal de bienestar y buena salud, así como triunfo en los negocios.

HARAPOS.—Ir cubierto de harapos, indicio de final de penas y tormentos. Ver a otra persona harapienta, recibirás la ayuda de un desconocido.

HARINA.—Soñar con harina es señal de abundancia. Pero esa abundancia puede resultar de comer en cantidad pastelillos que aumentarán tu peso.

HELADO.—Si usted sueña que toma helados, le presagia una molesta enfermedad.

HELICE.—Buena señal es soñar con ella, y si las ves girar, cuanto más veloz funcione, mayor será tu felicidad y suerte.

HELIOTROPO.—Soñar con esta delicada flor, siéntase seguro de gozar de un dulce amor que alegrará su vida.

HEMORRAGIA.—Predice que debe tener usted mucho cuidado con su salud.

HENO.—Si el heno se ve fresco y hermoso, indubitable señal de triunfos, éxitos y dinero. Si estuviese mustio, señala pérdida de algo que usted mucho estimaba.

HERENCIA.—Soñando que la recibimos, pérdidas de dinero y dificultades. Además, burlas de amigos en cuya amistad confiaba.

HERIDA.—Si sueñas que hieres a alguien, es aviso de que los recelos que tienes con familiar o amigo, debes olvidarlos, pues esa persona te estima. Si eres tú quien está herido, enfermedades y tristezas presagian.

HERMANO.—Señar con un hermano, simboliza alegría. La fraternidad buena y desinteresada, es señal de amor, comprensión y apoyo.

HERRADOR.—Ver a un herrero clavando herraduras a una caballería, anuncio de penas y contrariedades.

HERRADURA.—Encontrarse una herradura, indica que creará una nueva amistad. Soñar con la herradura, significa que recibirá la visita de un amigo que vendrá a devolverle los favores que usted le hizo en anteriores ocasiones. También es anuncio de próximo y feliz viaje.

HERRERO.—Es un mal sueño si lo ve uno trabajando, pues augura derramiento de sangre.

HIDROPESIA.—Soñar en una persona hidrópica o sentirse uno mismo aquejado de tal enfermedad, señala enfermedades graves.

HIEDRA.—Señal de afecto y amistades perdurables.

HIEL.—Si sueñas que se derrama por tu cuerpo, pronostica dificultades con empleados, sirvientes y cuantas personas dependan de ti. O también desavenencias familiares.

HIELO.—Soñar con hielo presagia, para los campesinos que tengan este sueño, buenas cosechas y buena fortuna. Si se trata de comerciantes, malos negocios. Y si la persona que sueña con hielo es militar, disgustos y enemistades.

HIERRO.—Simboliza afecto familiar si se sueña en gran cantidad, como recién salido de la mina. Ya manufacturado, mejoría en su trabajo o negocios. Forjar una pieza al rojo vivo, augura disgustos y contrariedades.

HIGADO.—Si al soñar con un hígado nota usted que sufre de él, es augurio de mala salud. Si se trata del hígado de algún animal, pronostica bienestar y satisfacciones.

HIGOS.—Soñarlos durante la estación correspondiente, indicio de amores sinceros y prosperidades; en otro tiempo, inconvenientes y penas.

HIJO.—Tratándose de hijos pequeños, augura enfermedad. Si el hijo es ya mayor, señal de dificultades. Pero si soñamos que discutimos o peleamos con él, tendremos contrariedades en asuntos de dinero.

HILO.—Soñar con hilo anuncia generalmente desavenencias o intrigas. Si está en un carrete o embobinado, augura pobreza. Si está enredado, disgustos y dificultades.

HINCHAZON.—Si usted sueña que está hinchado y ve a otra persona con esta enfermedad, indica pérdida de salud. Procure cuidarse.

HIPODROMO.—Si se encuentra usted en él, tanto si apuesta como si no, tal sueño puede interpretarse como anuncio de que se halla expuesto a perder su empleo, ello debido a su irresponsabilidad en su trabajo, bien por faltas de asistencia y peticiones injustificadas.

HIPOTECA.—Procure no arriesgar su dinero en ningún negocio que le propongan.

HISOPO.—Soñar con un hisopo o que le están asperjando con él, señal de desgracias, trabajos y penas.

HOGUERA.—Ver una hoguera, anuncio de que debe controlar su vida para evitar situaciones que pueden resultar irreparables.

HOJA.—Si sueña que las ve brotar del árbol, signo de próxima llegada de un nuevo ser a este mundo. Alegría y felicidad. Pero si las hojas están marchitas, procuremos cuidar nuestra salud.

HOLLIN.—Verse uno mismo sucio de hollín, feliz augurio de bienestar.

HOMBRE.—Si va vestido de blanco o de colores claros, señal de dicha; de negro, tristezas, habladurías y falsas noticias. Si el hombre es moreno, indica vanidades; rubio amistad y ayuda

HOMBRO.—Soñar que le duelen los hombros o que están llagados, desazones e inconvenientes.

HONGOS.—Si simplemente sueña que los ve, anuncio de riñas o discusiones. Comerlos, indica salud y larga vida.

HORA.—Si pregunta o le preguntan a usted la hora, problemas seguros. Si las oye sonar en el reloj, cita para un negocio.

HORCA.—Soñar con una horca, puede considerarse como uno de los sueños más felices. Si es usted el ahorcado, aumentará su fortuna. Si se trata de un amigo, éste habrá de prestarnos una gran ayuda. En el caso de ser un familiar, prosperidad en los negocios.

HORMA.—Ver unas hormas para zapatos, señal de pesadumbre al recibir noticias luctuosas que alterarán su estado de ánimo.

HORMIGAS.—Símbolo de abundancia. Sus ideas y proyectos merecerán el apoyo de familiares y amigos y con ellos triunfará. No desanime en la ejecución de sus trabajos.

HORNO.—Si el horno está encendido, señala bienestar y comodidades; estando apagado, malestar y pesadumbre.

HOSPICIO.—Hallarse dentro de un hospicio, augura satisfacciones entre familiares y amigos, así como bienestar en el trabajo, donde alcanzará un próximo ascenso.

HOSPITAL.—Si es uno mismo quien se encuentra recluido en un hospital, su vida no será muy feliz que digamos. Si en él se halla algún amigo, ganancias y firmes amistades.

HOSTIA.—Seguro augurio de elevación y grandeza en su trabajo.

HOTEL.—No tardará en recibir un firme apoyo de persona relacionada con altos personajes.

HOZ.—Soñar con una hoz es símbolo de mal agüero, salvo que ésta se vea rota o sin filo, pues en tal caso, si se tiene algún enfermo en la casa, no tardará en sanar rápidamente.

HUCHA.—Estando la hucha llena de dinero logrado a fuerza de ahorros, aumentarán sus riquezas. Pero si está vacía, indica que pasaremos por grandes dificultades.

HUERFANO.—Es símbolo de desavenencias entre familiares y amigos.

HUESOS.—Si los huesos son humanos, anuncio de muerte de una persona conocida; si son de animales, augurio de malas noticias. Soñar que está royendo huesos, lamentables sucesos.

HUEVOS.—Siendo blancos los huevos, recibirá una grata ayuda. Huevos rotos, señalan habladurías, chismes y pleitos que pueden mucho perjudicarle. Estando los huevos duros, anuncio de malas noticias.

HUMO.—Verlo salir es indicio de falso bienestar. Las ilusiones que se haya forjado o las promesas que le hayan hecho, se desvanecerán en verdadero humo.

HURACAN.—Si la persona que sueña se halla en medio de un terrible huracán, no tardará en encontrarse en graves dificultades con la familia.

I

..NO.—Si usted sueña que adora o reverencia a un icono
.imagen pintada que representa a la Virgen o Santos en las
.lesias rusa o griega), tenga por seguro que habrá un cam-
.io en su vida que vendrá a mejorar su aspecto moral, eli-
.inando de su mente su estado de depresión y desfalleci-
.iento en que actualmente se halla.

..ERICIA.—Si uno mismo es quien la padece, anuncio cierto de
.óximo bienestar.

..OMA.—Soñar que usted habla un idioma extranjero, sin cono-
.rlo, significa que es persona de gran cultura y arrolladora
.rilidad.

..LO.—Adorar un ídolo no es sueño agradable, ya que habre-
.os de prepararnos para recibir disgustos y contrariedades.

..ESIA.—Encontrarse dentro de ella, señal de triunfo en sus
.gocios. o estudios. Si ve entrar personas para asistir al santo
.crificio de la misa. anuncio de próxima llegada de un fa-
.iliar o amigo querido.

..MINACIONES.—Símbolo de alegría y regocijo en la familia.

..GEN.—Soñar con una imagen, pronostica goces familiares y
.rme amistad con quienes nos rodean.

..PRENTA.—Soñar con una imprenta o estar dentro de ella, anun-
.ia éxito en su empresa o trabajo.

INCENDIO.—Ver un incendio significa inquietudes y fracasos asuntos amorosos. Si el incendio fuera en su casa, pérdida dinero; pero si en su sueño lograra apagarlo, se convertiría grato mensaje que vendría a beneficiar su actual situación.

INCIENSO.—Si usted lo ve humear, es símbolo de un amor fi que vendrá a alegrar su vida; pero tenga mucho cuidado con personas aduladoras.

INDIGESTION.—Un sueño en el cual se sienta usted indigesto aviso de que debe procurar ser más sobrio en sus comidas.

INFIDELIDAD.—Si sueña que es usted un infiel, tanto con esposa o con alguna de sus buenas amistades, simboliza bu salud y aun fortuna. Pero, en su vida real, deberá comporta con amor y amistad con quienes le rodean, so pena de hallar infortunio con alguna mala mujer.

INFIERNO.—Hallarse en el infierno, es un aviso de que ha de mejorar su conducta y proceder con quienes le rodean.

INJURIA.—Si usted sueña que recibe una injuria, recibirá at ciones y favores por parte de sus amigos.

INJUSTICIA.—Soñar que es usted mismo quien comete una inj ticia, tenga por seguro que en la vida real habrá de per dicar a una persona amiga, lo cual habrá de procurar ev para no tener que arrepentirse. Si sueña que es otra pers quien la comete contra usted, trate de vigilar su intereses o lo contrario sufrirá quebrantos y pérdidas.

INMUNDICIAS.—Aunque no perece grato soñar con inmundici auguran provecho, ganancias y felicidad.

INSECTO.—Con cualquiera clase de insectos que sueñe, es av de que algunos de sus amigos, abusando de su bondad, le mol tan con peticiones de favores y dinero y que, por lo tanto, de procurar no ser tan dadivoso.

INSOLENCIA.—Si sueñas que te portas mal con alguien, ten b

esente que no tardarás en recibir insolencias por parte de
ien menos esperabas.

)MNIO.—Soñar que uno mismo sufre de insomnio (cosa con-
dictoria, ya que si lo sufriera no podría soñar), tiene el sig-
ficado de que alguna persona le engaña —su esposa, su novia,
 mejor amigo—, y deberá vigilar la conducta de estas perso-
s tratando, con su comportamiento, evitar que el engaño llegue
tener mayores consecuencias.

RUMENTOS.—Si los instrumentos que tocas o bien oyes son
usicales, auguran alegrías, salud y bienestar.

ESTINOS.—Soñar con ellos, es señal de dificultades domésti-
s, alejamiento de amistades o rompimiento amoroso.

NBACION.—Ver o encontrarse en una inundación, significa
ơundancia de bienes. Si ve su casa inundada por descuido suyo
 haber dejado abiertas las llaves del agua, su bienestar o for-
ina se verán amenazadas.

ALIDO.—Soñar con una persona inválida, es señal de una ve-
z apacible y serena.

IERNO.—Si usted sueña estar viviendo en un invierno muy
río, procure cuidar su salud. Si al soñar en el invierno nota
ue el frío no le afecta, aun a pesar de hallarse entre la nieve,
o se olvide de estar al cuidado de sus negocios.

ITACION.—Recibirla para asistir a una fiesta, tenga por se-
ɡuro que no tardará en que llegue a sus manos.

A.—Señal de próximo viaje. Si la isla está desierta, procure
nantener su amistad con los amigos que le rodean y que le
stiman, pues eso indica que no debe apartarse de ellos.

J

J ABALI.—El soñar con un jabalí, augura que te verás perseguido y acosado por tus enemigos. Sin embargo, cazarlo, indica que saldrás triunfante de adversidades.

JABON.—Es señal de enredos y situaciones difíciles, que se tendrán que ir venciendo paulatinamente.

JACINTO.—Esta bella flor es símbolo de amistad. No obstante, procuremos escoger nuestros amigos para evitarnos posteriores dificultades con ellos.

JAMON.—Si sueñas que lo estás cortando, pronto recibirás un obsequio o recompensa. Si lo vendes, significa aumento de familia o de fortuna.

JAQUECA.—El soñar que uno mismo tiene jaquecas, augura penas y leve enfermedad.

JARABE.—Beber jarabe es un mal sueño, pues ello indica que la persona que lo bebe se sentirá mal del cuerpo. Debe procurarse tener cuidado con las cosas de comer.

JARDIN.—Pasear por un jardín, es señal de bienestar y alegría, así como éxitos en los negocios. Cultivarlo, aumento de fortuna.

JARDINERO.—Si sueñas con un jardinero, te tocará la lotería y si tienes dinero invertido en acciones aumentará notablemente.

JARRON.—Un jarrón con flores, es indicio de próximas y agradables noticias de algún familiar. Con abrojos o flores marchitas, augurio de contrariedades. Si se rompiera el jarrón, sufrirá un accidente grave o tal vez se trate de un amigo.

JAULA.—Una jaula sin pájaro o que éste no cante estando en ella, es señal de intervenciones policiacas e inconvenientes judiciales. Estando el pajarillo cantando alegremente, saldrás de un grave aprieto o situación. Abrir la jaula para darle libertad al pájaro, dichas conyugales y familiares.

JAZMIN.—Soñar con esta flor, significa amor y fidelidad entre personas que se quieren. También es indicio de buenas amistades.

JERGON.—Estar acostado en un jergón, augura miserias. Si se tiene algún plan próximo a realizarse, hay que andar con cuidado para evitarnos un fracaso.

JERINGA.—Si se sueña con una jeringa rota, es señal de malos negocios.

JINETE.—Ver un jinete, indica perjuicios, los cuales podrán ser mucho mayores si se sueña que el jinete se cae del caballo.

JIRAFA.—Anuncio de que recibirá una favorable noticia de un familiar o amigo.

JITOMATE.—Si sueña que los come, augurio de salud magnífica. Si solamente los ve, aviso de buenas noticias respecto a un asunto o negocio y cuyas gratas nuevas se esperaban con ahínco.

JOROBADO.—Este sueño es augurio de bienestar y de riquezas.

JOYAS.—Si es uno mismo quien las posee, debe procurar guardarlas y no venderlas. Soñar que uno las ve, indicio de un negocio o trabajo que le producirá buenas ganancias.

JUDAS.—Esta representación onírica, bien se trate del Iscariote o de los muñecos que se acostumbra incinerar en el Sábado de Gloria, indica que debe uno guardarse de ciertas amistades que le rodean y que con un apretón de mano o un beso, como queriendo demostrar afecto y cariño, intentan perjudicarle.

JUDIO.—Soñar con uno o varios judíos, seguidores de la Ley de Moisés, es señal de que las penas o contrariedades que se tienen en la actualidad, cambiarán en un plazo breve y la paz renacerá en su corazón.

JUEGO.—Si jugando cualquier juego de azar, uno sueña que gana, perderá amigos queridos. Si pierde, volverá de nuevo la paz y la tranquilidad, aliviando sus dolencias o aflicciones. Tratándose de juegos de niños, significa bienestar, salud y confraternidad famiilar.

JUGUETES.—Si sueñas con juguetes, deberás andarte con cuidado respecto a tu manera de proceder, ya que si llegas a cometer alguna travesura tendrás que arrepentirte.

JURAMENTO.—Soñando que uno hace un juramento y lo cumple fielmente, será objeto de honores y dignidades. En cambio, si uno falta a él, recibirás desprecio y humillaciones.

JUVENTUD.—Si la persona que sueña es persona ya de cierta edad y se ve joven y apuesto, es símbolo de salud, alegría y prosperidades.

JUZGADO.—Hallarse en un juzgado uno mismo en calidad de detenido por haber cometido una falta o un delito, es clara señal de que pronto se verá libre de las preocupaciones y necesidades que le han venido agobiando. Si el acusado que se presente ante el juez es un amigo de usted, cuídese de un grave peligro que puede perjudicarle.

L

LABERINTO.—Soñar que se encuentra en un laberinto y no acierta a dar con la salida, es augurio de que habrán de presentársele dificultades, tanto en su trabajo como en su negocio. Tales dificultades podrá usted vencerlas con su constancia y recto modo de proceder.

LABIOS.—Si en su sueño se ven unos labios jóvenes y sonrosados, su significado es que gozará de gratos lances amorosos y su salud no tendrá nada que desear. Si esos labios fueran abultados, burdos o paliduchos, significarán todo lo contrario: fracasos en el amor y falta de salud.

LABORATORIO.—La persona que sueñe ver o estar en un laboratorio, es señal de éxitos y bienestar, siempre que ésta sea activa y laboriosa en su trabajo o negocio.

LABRADOR.—Si sueña con un labrador, grato indicio de prosperidad en su trabajo y bienestar familiar.

LADRIDOS.—Oír en sueños ladrar un perro. augurio de penas y contrariedades. Si se oye aullar, anuncio de muerte.

LADRILLOS.—El soñar con ladrillos, es signo de prosperidad.

LADRON.—Viéndolos o no, pero si los ladrones han entrado a su casa y le han robado, indica presagio feliz para cualquier trabajo, empresa o asunto que usted acometa.

LAGARTIJA.—Soñar con este animal, significa que debe guardarse de asechanzas de personas que buscan su ruina. o malestar.

LAGO.—Este sueño significa que no tardará en recibir alegría y contento al lado de personas de su mayor estimación, bien en su casa o en una fiesta próxima a celebrarse.

LAGRIMAS.—Si sueña ser usted mismo quien llora, anuncio de alegría. Si las lágrimas las ve en los ojos de otra persona, feliz término de penas.

LAMPARA.—Una lámpara cuya luz sea brillante, indicio de terminación de penas, tras una corta temporada de crisis. Y si la persona que soñara con ella estuviese delicada o enferma, señal de pronto restablecimiento en su estado.

LANA.—Soñar con lana (en rama o en tela) indica prosperidad familiar. Símbolo de buenas amistades. Llevar un abrigo de lana, presagia desdichas.

LANGOSTA.—Si la langosta es de mar, augura placeres y gratas reuniones familiares. Si ésta fuera terrestre (chapulín), procure cuidar sus negocios o trabajo.

LANZA.—Una lanza simboliza esperanzas perdidas, particularmente si quien la sueña es una mujer.

LAPIDA.—Debes procurar no ser infiel y portarte bien en la vida que llevas, de lo contrario pronto habrás de ser desenmascarado.

LAPIZ.—Soñar con lápices, indica fracaso de los proyectos o ilusiones que te habías forjado.

LATIGO.—Golpear a alguien con un látigo, significa inconvenientes para uno mismo.

LAUREL.—Soñar con laurel, es augurio de suerte: para las solteras, esposo; hijos para los casados y ventura y felicidad sin límites. Verse coronado de laurel, llevar simplemente una rama en la mano o aspirar su grato perfume, fortuna y holgura, paz y bienestar en el hogar.

L

LAVADERO.—Si es usted quien se halla en el lavadero o ante la lavadora eléctrica, limpiando su ropa, señal de próxima reconciliación con una persona de quien se hallaba distanciada.

LAVANDERA.—Si sueña con su criada o con la mujer que viene a su casa a lavar su ropa, recibirá gratas noticias que habrán de beneficiarle.

LAVAR.—Lavarse uno mismo el cuerpo o las manos, habremos de tener en cuenta acudir en ayuda de una persona amiga a la que debemos socorrer en lo que podamos.

LAVATIVA.—Si es uno mismo quien sueña poner una lavativa a otra persona, es señal de que nuestros asuntos o negocios pronto irán por el mejor camino.

LAZO.—Hallarse lleno de lazos, indica múltiples dificultades para poder salir airoso de sus apuros. Tratándose de los lazos matrimoniales que simbólicamente unen a los futuros esposos, buenos negocios.

LECHE.—Soñar que la bebe, símbolo de salud y fecundidad. Si la derrama, pérdida de dinero y de amigos. Si sólo ve la leche en un recipiente, botella o vaso, próxima amistad con una persona a la que antes no conocíamos.

LECHUGA.—Si la ve, señal de salud y mejoras en su situación. Si sueña que la come, leve enfermedad o disgusto pasajero.

LECHUZA.—Soñar con una lechuza no es signo agradable, sino al contrario; es anuncio de grave enfermedad o muerte de alguien que es muy estimado por usted.

LEER.—Si es uno mismo quien lee, señal de advenimiento de contrariedades y litigios. Ver leer a otra persona, recibirá buenas noticias.

LEGAÑAS.—Soñar con legañas o que uno tiene los ojos legañosos, no tardarás en saber malas noticias de un amigo a quien estimas.

LEGUMBRES.—Por regla general, soñar con legumbres es sueño desagradable. Si están en la huerta, indicio de aflicciones. Sueltas, en el mercado, en la cocina o en la mesa, discordia entre amigos y compañeros.

LEJIA.—Augura trabajos sin compensaciones.

LENGUA.—Soñar con una lengua larga, señal de pesares. Si ésta es gruesa, indicio de buena salud.

LENTEJAS.—Las lentejas representan egoísmo y corrupción.

LENTES.—Soñar que los compra para su uso personal, augura noticias desagradables que le sumirán en el mayor desconcierto. Si se ve uno mismo usándolos (aunque en la vida real los lleve o no), desconfíe de una persona que se dice su amigo y puede perjudicarle.

LEÑA.—Si la ve formada en haces, recibirá noticias de un buen amigo que se halla enfermo. Si usted carga el atado a su espalda, las tribulaciones que ahora le aquejan perdurarán por algún tiempo. Ver leña quemada, anuncio de bienes a costa de nuestro trabajo.

LEÑADOR.—Soñar que es usted quien corta leña en el bosque, recibirá satisfacciones en el trabajo que en su vida real ejecuta. Ver a un leñador, afecto y complacencias de amigos.

LEON.—Batirse con un león y vencerlo en lucha tan desigual, significa que también vencerá en la lid a los enemigos que quieren perjudicarle. Sin embargo, si cae bajo sus garras, sus enemigos triunfarán contra usted. Ver varios leones juntos, es anuncio de que puede asociarse con las personas que se lo propongan para formar un club o emprender un negocio.

LEOPARDO.—Si se sueña con un leopardo, deberá uno guardarse de personas extrañas, en particular si son extranjeras.

LEPROSOS.—Soñar que uno mismo es el leproso, es anuncio de bienestar y próximas riquezas. Si se tratara de otra persona que sufre tan terrible enfermedad, augurio de calamidades sin fin.

LETANIA.—Oír en sueños una letanía, es grato indicio de paz y de felicidad dentro de la familia. En el caso de que fuera uno mismo quien formara parte del coro que canta la letanía, sus proyectos o ilusiones no tardarán en convertirse en grata y tangible realidad

LETRERO.—El que sueña ver un letrero o cartel, augura que saldrá airoso de un peligro que le estaba acechando.

LEY.—Si es uno mismo quien sueña ser un representante de la ley, significa que puede considerarse afirmado en su trabajo o negocio. En caso de ser transgresor de la ley, tiene un significado completamente contrario.

LIBELULA.—Soñar con una libélula, grato anuncio de riquezas que aliviarán o mejorarán su actual situación.

LIBRETA.—Es una clara advertencia de que debes procurar ser más comedido en tus gastos, so pena de acabar en la miseria.

LIBRO.—Si se sueña con libros, es señal de larga vida. Si se trata de libros piadosos, símbolo de buena salud. Un libro abierto, dicha y bienestar; cerrado, misterio.

LICOR.—Soñar con licores, augurio de consideraciones y respetos, haciéndonos dignos de ellos.

LIEBRE.—Este sueño es indicio de que haremos prontas y convenientes adquisiciones.

LIGAS.—Llevándolas uno mismo puestas, presagio de achaques y enfermedades. Soñar que nos las quitamos, decepciones. Vérselas quitar a una mujer, término de penas y dificultades.

LILA.—Si sueña con lilas, tenga por seguro que habrán de reverdecer gratos recuerdos amorosos de su juventud; pero no debe dejarse llevar por sentimentalismos.

LIMON.—Anuncio de amarguras que, afortunadamente, no perdurarán por mucho tiempo.

LIMONADA.—Si es uno mismo quien sueña que se la prepara,

indicio de contrariedades. Beberla, augurio de enfermedad o muerte.

LIMOSNA.—Soñar que la haces, significa dicha. Recibirla, desgracia, pudiendo incluso perder la ocupación que teníamos.

LIMPIABOTAS.—Representándose en el sueño que es uno mismo el limpiabotas o bolero, augura bienestar y ganancias.

LIMPIEZA.—Siendo uno mismo quien hace la limpieza de la casa, anuncio de gratas noticias. Ver barrer o hacer el aseo a otra persona, recibirá noticias no muy gratas pero, que afortunadamente, no serán verídicas. Por regla general, este sueño augura final de penas, de molestias, enfermedad y posibles enemistades.

LINTERNA.—Soñar que se alumbra con una linterna, es un aviso de que debe obrar con prudencia en sus asuntos. Si ésta se halla apagada, tendrá inconvenientes debidos a su despreocupación o irresponsabilidad. Guárdese de amigos envidiosos.

LIRA.—Símbolo de amor y de ternura, de sentimiento poético y romántico.

LIRIO.—Si sueña con lirios durante el tiempo en que florecen, significa paz y felicidad; si éstos los sueña fuera de su época, pérdida de esperanzas e ilusiones.

LISTON.—Símbolo de penas y contrariedades. Cuanto más largo sea el listón, mayores serán éstas.

LITURGIA.—Soñar que se halla presente en cualquier ceremonia litúrgica, es buena señal de que recibirá apoyo en proposiciones que usted haya hecho, lo cual redundará en su beneficio y auge.

LOBO.—Si vemos que el lobo nos ataca, un enemigo nos causara perjuicios. Si nos muerde, seremos víctimas de una gran perfidia. Si lo matamos, seguro triunfo sobre nuestros enemigos.

LOCO.—Siendo en sueños uno mismo quien se halla privado de la razón, demuestra que se es muy cuerdo y responsable y que disfruta de envidiable salud. Si la que sueña es mujer soltera, anuncio de próximo matrimonio. Casada, próxima llegada de un hijo que destacará notablemente en la vida.

LOCOMOTORA.—Verla correr, señal de próximo viaje. Si está descarrilada, seremos víctimas de nuestra precipitación.

LODO.—Soñar que caminamos sobre un terreno lodoso, augura pérdida de algo que mucho estimábamos. Si resbalamos en él, significa líos judiciales. Si caemos y nos enlodamos, anuncio de grave enfermedad.

LOMA.—Hallarse uno en lo alto de una loma, señal de pérdida de dinero, con su correspondiente secuela de penalidades y sinsabores.

LOMBRIZ.—Augurio de disgustos y desavenencias familiares, ello debido a falta de recursos.

LOMO.—Soñar con un lomo de res, cerdo, etc., le anuncia que pronto recibirá un dinero que no esperaba, con el cual solucionará todos sus problemas, bien sean familiares o de negocios.

LORO.—Buen augurio es soñar con un loro, ya que no tardarás en recibir noticias de que un familiar o amigo, quien se hallaba muy enfermo, ha recobrado su salud casi milagrosamente.

LOTERIA.—Si al soñar con un número de la lotería usted recuerda al despertar la cifra final, trate de comprar un billete o participación que termine con ese número.

LUCHA.—Soñar que uno contiende con un conocido, pronto sabrá de una persona que se decía ser su amigo y le está perjudicando.

LUNA.—La luna llena, augurio de bienestar y prosperidad en la casa. Cuarto creciente, afinidades amorosas. Cuarto menguante, desavenencias en el amor. Ver la luna opaca o pálida, señal de inconveniencias y sinsabores. Si soñamos que estamos en la luna, augurio de dinero inesperado

LUNAR.—Tener un lunar en el rostro, es símbolo de burlas y de crítica mordaz por parte de sus amistades.

LUTO.—Soñar que uno mismo va vestido de luto, señal de matrimonio de algún familiar. Ver a otra persona con este luctuoso traje, anuncio de penas y tribulaciones.

LUZ.—La luz es un excelente presagio. Y cuanto mayor sea su brillantez, mejores éxitos y provechos logrará en su vida.

LL

LLAGA.—Soñar que se tienen llagas, augurio de pérdida de dinero.

LLAMADA.—Si ve en sueño que una persona le habla por teléfono, considérelo usted como un recordatorio de algún asunto que había olvidado y debe llevar a cabo. En cambio, si al hablarle menciona su nombre, es señal de que todo marcha bien.

LLAMAS.—Aviso de que cuide su salud, en particular sus pulmones y corazón, procurando evitar actos violentos o emocionales.

LLANTO.—Llorar es símbolo de próximas alegrías en la vida real del que sueña que llora. Si se ve llorar a muchas personas, presagia una calamidad pública, la cual no habrá de afectarnos.

LLANURA.—Si vemos una gran llanura o caminamos por ella, indicio de ganancias en nuestro trabajo y prosperidad en lós negocios.

LLAVE.—Soñar con llaves, anuncio de sana alegría. Verlas en un llavero, próximo matrimonio al que asistiremos. Perder una llave, fuerte disgusto se nos prepara. Encontrarla, aventurilla amorosa.

LLUVIA.—Si la lluvia es abundante y tempestuosa, augura felicidad para los humildes y temores para los ricos. Una lluvia suave, buenas ganancias en los negocios.

M

MACARRONES.—Soñar que los cocinamos, significa que somos personas fáciles de contentar. Si soñamos que los comemos, paz y tranquilidad en el hogar.

MACETA.—Una, o varias macetas, auguran amor y comprensión entre los seres estimados.

MADEJA.—Si sueña que está deshecha o revuelta, debe preocuparse de sus negocios que andan igual, sin que usted se haya enterado. Devanarla, anuncio de éxitos. Si la madeja fuera de hilo o de estambre, estancamiento en nuestro trabajo o negocio. En cambio, si es de seda, indica prosperidad en ellos.

MADERA.—La madera en general, tablones, vigas, listones, etc., es un sueño agradable que nos anuncia nuevos trabajos, en empresas o negocios, que habrán de prosperar si nos dedicamos a ellos con el mayor empeño.

MADRE.—Soñar con una madre, tanto que esté viva como muerta, es grato augurio de paz y de felicidad. Si sueña que está hablando con ella, pronto recibirá noticias de un familiar a quien mucho se estima.

MADRESELVA.—Anuncio de próximo casamiento de una persona que figura entre el número de sus buenas amistades.

MADRINA.—Debes cuidarte de alguien de los que te rodean, ya que sus intenciones no son buenas.

MAESTRO.—Si es que algún familiar o amigo te acaba de confiar un secreto, no confíes de persona que trata de arrancártelo.

MAGO.—Soñar con un mago es indicio de una próxima sorpresa muy agradable para usted. Si la persona que lo sueña está enferma, pronto restablecimiento en su salud.

MALETA.—Indicio de próximo viaje el cual le reportará buenos resultados y magníficas ganancias.

MANCHA.—Ver manchas, tanto en el traje o vestido, en las paredes o en cualquier otro lugar, indica pesadumbre y tristeza.

MANCO.—Si sueña con una persona manca, deberá tratar de cambiar su carácter que habrá de reconocer que es duro con sus empleados o amigos; de lo contrario, aténgase a las circunstancias.

MANDARINA.—Este sueño indica que en usted hay deseos de superarse y progresar, pero debe no desmayar en su trabajo, so pena de que, por su negligencia, su ideal no llegue a realizarse.

MANDIBULA.—Si la mandíbula que usted sueña está completa, esto es, con todos sus dientes, señala prosperidad y riquezas. Pero en caso contrario, es anuncio de enfermedad o pérdida de algún familiar o amigo.

MANDIL.—Si es mujer quien sueña que lleva puesto un mandil limpio, recibirá lisonjeras proposiciones. Si se trata de un hombre el que lo lleva, habrá de encontrarse en una situación embarazosa y ridícula para su sexo en una reunión o fiesta.

MANDOLINA.—Anuncio cierto de una declaración de amor.

MANGAS.—Si las mangas con que usted sueña son anchas, señal de bienestar. Pero si fueran estrechas, indican contrariedades amorosas o sentimentales en su hogar. Rótas o desgarradas, símbolo de desavenencias.

MANIQUI.—Ver en sueños un maniquí, indica que uno debe tener más cuidado en sus empresas o trabajos.

MANO.—Este sueño tiene muchos significados. Las manos lindas señal de buenos negocios y paz hogareña. Si uno mismo se las contempla, augurio de enfermedad. Una mano velluda, decaimiento en su trabajo o negocio. Lavárselas, preocupaciones. Si la mano está cortada, pérdida de una buena amistad.

MANTECA.—Comerla, indicio de cierto relativo bienestar, alternado con alegrías y contrariedades. Elaborarla o hacer una comida con ella, simboliza afecto de buenas amistades.

MANTEL.— Puesto encima de la mesa, le augura próxima invitación a un banquete. Si usted lo recoge para guardarlo, la invitación que reciba no habrá de realizarse por causas justificadas.

MANTEQUILLA.—Soñar con mantequilla, augurio de próximos pleitos de familia por causa de chismorreos femeninos.

MANTILLA.—Grandes secretos amorosos nos serán anunciados.

MANZANA.—Maduras y dulces, indican placeres y alegrías. Estando verdes, señal de chismorreos y contrariedades. Si su sabor fuera muy agrio, su significado no es otro que disputas.

MAPA.—Si es hombre quien sueña con un mapa, augura un largo viaje. En caso de ser mujer, habrá de precaverse para evitar una fuerte infección intestinal.

MAQUILLAJE.—Soñar estar maquillándose, señal de pleitos y chismes familiares.

MAQUINA.—Anuncio de próximas actividades. Si la máquina, sea cualquiera de que se trate, está en movimiento, éxito seguro en el negocio o trabajo. Pero estando parada, sin movimiento, indica tiempo perdido que habremos de recuperar con el trabajo.

MAR.—Si el mar está en calma, algún pariente habrá de prestarle ayuda en nuestra actual situación. Mar alborotado, anuncio de peligros. Si uno sueña caer en el mar, fatal accidente para uno mismo o persona allegada. Caminar sobre el mar, feliz solución de los problemas que le aflijan.

MARCO.—El marco de un cuadro, indicio de vida feliz, ella debido a su conducta y economía. Dulce dicha conyugal.

MARFIL.—Este sueño significa recibo de buenas noticias y de gratos regalos.

MARGARITA.—Si sueña contemplar un ramo de margaritas, anuncia paz y felicidad por mucho tiempo, así como declaraciones amorosas. Si está deshojándola, señal de amoríos sin importancia.

MARIDO.—Si usted le pega a su marido en sueños, pronto recibirá un regalo que habrá de satisfacerla. Siendo soltera la persona quien sueña tener un marido, augura entonces próxima boda.

MARINO.—Apareciendo en su sueño que usted es un marino, le avisa peligros y desgracias. Soñar con un marino, augura enfermedad o posible caso de que se agrava, siendo usted quien se halla enfermo.

MARIPOSA.—Mariposa blanca o de colores, indicio de que usted es persona voluble e inconstante. Si es negra, sinsabores y tal vez infaustas noticias.

MARISCO.—Si está vacío, augurio de pérdida de dinero. Si se ve fresco y relleno, pronto se realizarán sus ilusiones.

MARMOL.—Ver mármol y aun figuras hechas con esta piedra, advenimiento de pleitos y contrariedades que usted no esperaba. Procure tener cuidado y ser prudente en todos sus actos.

MARTILLO.—Ver un martillo que golpea con fuerza un yunque o cualquier otro objeto, anuncia una vida activa que seguramente le conducirá al éxito en su trabajo o negocio. Desde luego, deberá usted procurar apartarse de toda clase de violencias que pueden perjudicarle.

MARTIRIO.—Soñar que a uno mismo lo martirizan, anuncio de agasajos y honores.

MASA.—Si en el sueño es uno mismo quien prepara una masa, tanto para elaborar pan o pasteles, le augura felicidad en compañía de familiares o amigos. Si los panes o pastelillos los hace exclusivamente para ofrecérselos a otras personas, deberá cuidar sus intereses, máxime tratándose de dinero.

MASCARA.—Esto de soñar con una máscara, nos augura que debemos prepararnos contra alguna intriga que se está forjando a nuestro derredor. Vayamos con tiento con las burlas o indirectas que puedan presentársenos.

MATADERO.—Si en un matadero, o rastro, vemos sacrificar algunas reses, será señal de buenos augurios y felices noticias. Encontrarse a solas en un matadero donde no vemos a nadie ejecutando sus labores, anuncio de peligros próximos.

MATRIMONIO.—Siendo uno mismo quien se casa, señal de una inesperada ayuda que mejorará nuestra situación. En caso de que asista como invitado a una boda y no conozca a los contrayentes, augura muerte de algún allegado nuestro o de un querido amigo.

MAULLIDO.—El oír en sus sueños maullidos, tenga por seguro de que dos de sus más acérrimos enemigos habrán de pelearse, con lo cual usted habrá de salir beneficiado.

MAYORDOMO.—Cuídese de una persona con la que tiene contacto en el trabajo o en el negocio, que le está engañando.

MAZORCA.—Teniendo un sueño feliz, lleno de promesas y bienestar, si se aparece una mazorca en él, su dicha será efímera, por lo que debe desconfiar de tal ensoñación.

MEDALLA.—Soñar con medallas es grata señal de que conocerá a una persona de posición y dinero que habrá de favorecerle.

MEDIA.—Si es uno mismo quien hace sus medias, disgustos seguros. Si sueña con medias corrientes, mala suerte en los negocios o lotería. Siendo de buena calidad, recibiremos dinero. Soñar que uno se las quita, satisfacciones y buenas noticias. En caso de verlas o llevarlas rotas, contrariedades y miseria.

MEDICINA.—Si usted es quien la toma, augurio de enfermedad. En caso de ser usted quien la suministra a un paciente, provecho.

MEDICO.—El soñar con un médico, es anuncio de protección y de consuelo en su vida. Si usted es médico en la vida real o en el sueño aparece ser médico, denota que es persona de buenos sentimientos y esa bondad deberá esparcirla con sus semejantes.

MEJILLAS.—Signo de casamiento por amor.

MELODIA.—Si en sueños escucha usted una dulce melodía, su significado es anuncio de pérdidas en su negocio.

MELON.—Si una persona se halla enferma y sueña que come melón, tenga por cierto su pronto restablecimiento. Soñar simplemente con esta fruta, anuncio de buenas noticias. Si lo compramos, hemos de procurar evitar gastos superfluos que pueden traernos muchos inconvenientes.

MEMBRILLO.—Augurio de penas y tristezas si sueña que lo come, las cuales habrán de ser mayores si el membrillo es ácido.

MENDIGO.—Si sueña ser usted el mendigo, aflicciones y disgustos familiares. En el caso de que el mendigo sea una persona amiga o conocida, procure acercarse a él para que le ayude.

MENSAJERO.—Sueño feliz. Sorpresas agradables y anuncio de boda.

MERCADO.—Si es usted comerciante y sueña con un mercado lleno de mercancías, ganancias en su negocio; si estuviera vacío, debe procurar poner en orden sus operaciones comerciales. Estar en un mercado, comprando o vendiendo, felicidad en el hogar y en el trabajo.

MERENGUE.—Soñar con merengues, anuncio de contrariedades y dolencias.

MESA.—Una mesa bien parada y estando además repleta de ricos platillos, señal de abundancia; vacía, indica todo lo contrario. Estando la mesa rota, augurio de gran depresión económica.

METAL.—Si se sueña en general con metales, sin definir con exactitud de cuál se trata, es grata señal de prosperidad y paz en el hogar y en el trabajo.

METATE.—Procure vigilar a sus hijos o hermanos menores, que pueden hallarse en peligro.

METRO.—Soñar que uno hace uso del metro para tomar medidas, es cosa de mal augurio: pérdida en su trabajo, si es usted empleado, o menoscabo en sus ingresos, caso de ser negociante.

MIEDO.—Si se sueña que se tiene miedo, deberá cuidarse de su salud. Procure descansar lo más posible.

MIEL.—Comerla, placer y prosperidad; éxito en los negocios. Verla comer, indicio de disgustos amorosos.

MILAGRO.—Soñar con un milagro, es señal de grandes e inesperados beneficios que habrá de recibir en fecha no muy lejana. En el caso de que sea uno mismo quien haga el milagro, anuncio de infidelidad entre enamorados o esposos.

MILITAR.—Si en sueños se le aparece un militar, significa que usted ya es persona preparada para emprender cualquier empresa o negocio.

MINA.—Trabajar en una mina, anuncia que debemos guardar nuestro dinero ganado con el trabajo. Y no confiemos en la lotería si llegare el caso de que éste se perdiera.

MINISTRO.—Si uno mismo sueña ser ministro, malos augurios. Recurrir a un ministro para pedirle algún favor, ten por seguro un fracaso.

MIRLO.—Oírlo cantar, señal de habladurías y murmuraciones. Verlo muerto, deberemos controlarnos en cualquier caso difícil que se nos presente, so pena de incurrir en disgustos y trabajos.

MIRTO.—Señal de curación para los enfermos. Para quienes están sanos, angustias y penas aumentadas.

MISA.—Oírla, y sobre todo si es cantada, satisfacción y alegrías. Decir misa, terminación de nuestras penas.

MOCHILA.—Una mochila de colegial llena de libros, indicio de que gentes envidiosas tratarán de amargar su vida con chismes y habladurías. Estando vacía la mochila, recibirá desagradables noticias que, por fortuna, resultarán falsas. Pero en el caso de que estuviera llena de dulces o chocolates, tendrá una gran contrariedad que echará por tierra las ilusiones que se había forjado.

MOCHUELO.—Si en la vida real uno vive feliz, ver en sueños un mochuelo nos traerá perturbaciones. Si nos hallamos en apuros anuncia el fin de ellos.

MODELAR.—Soñar que estamos modelando figurillas de barro, el casado o casada que esto sueñe y no tenga hijos, pronto habrá de llegarle uno.

MODISTA.—Tanto si es mujer como hombre quien sueñe ser modista, pronto habrá de terminar con la fingida amistad de una persona que ha venido perjudicándole.

MOLER.—Cualquier cereal, café, etc., que sueñe uno mismo estar moliendo, augurio de éxitos y abundancia.

MOLINO.—Si el molino está funcionando, alegrías; pero sin movimiento, anuncio de penas. Si es de viento, señal de viaje próximo; de agua, dificultades.

MONAGUILLO.—Ver uno o varios monaguillos ayudando a un sacerdote en el ritual de la misa, sufrirá usted la pérdida de algo muy estimado, lo cual le causará gran pesadumbre.

MONASTERIO.—Internado uno como monje en un monasterio, señal de paz y afectos en la familia y amigos. Hallarse dentro de una celda, en penitencia y oración, grata solución de algo que le tenía preocupado.

MONEDA.—Si es de oro, penas; de plata, felicidad. De cobre o aluminio, fortuna. Si la moneda es falsa, contrariedades.

MONEDERO.—Soñar con un monedero vacío, señal de próximas ganancias. En cambio, si está lleno, augurio de contrariedades.

MONJE.—Soñar a un monje con hábito blanco, significa éxitos. Pero si el hábito es negro, dificultades.

MONO.—El soñar monos nos indica que debemos procurar librarnos de ratorías y de amigos chismosos.

MONSTRUO.—Si los vemos de lejos, procuraremos apartarnos de alguien que se llama amigo y sólo trata de perjudicarnos. Estando cerca, indicio de salud y de amistad.

MONTAÑA.—Subir por ella, prosperidad. Bajarla, miseria. Solamente verla, anuncio de un hermoso viaje.

MONTEPIO.—Augurio de prosperidades, fortuna y honores.

MONUMENTO.—Soñar con un monumento, significa próximo aumento en su trabajo y gratos beneficios, aunque no en la proporción y deseos que usted se había forjado.

MORAS.—Este sueño (tratándose del fruto de la morera), trae disgustos motivados por celos.

MORCILLA.—Si es uno mismo quien come morcillas en sueños, grata visita de buenos amigos. Si la vende, indicio de prosperidad. Soñar con morcillas blancas, feliz augurio; negras, pequeñas contrariedades.

MORDAZA.—Soñar que usted se halla amordazado, deberá procurar ser discreto en un asunto que puede incumbirle; de lo contrario, sufrirá algún disgusto.

MORDIDA.—Sufrir el mordisco de algún animal, es señal de odios, celos y heridas.

MORERA.—Ver una morera en floración, augurio de buena fortuna. Si se encuentra seca y sin fruto, estancamiento en su situación.

MORTAJA.—Si es usted a quien amortajan, no estando muerto, recibirá una noticia que le amargará de momento, aunque todo terminará bien.

MOSCA.—Soñar con moscas, significa que padecemos incomodidades y visitas no muy gratas. Sin embargo, soñar que uno las mata, es indicio de que saldrá airoso y triunfante de tales inconvenientes y molestias.

MOSCOS.—Anuncio de increíbles e inesperadas noticias.

MOSQUITOS.—Soñar con mosquitos, señal de preocupaciones, aunque podrán llegar a terminar si usted es persona consciente.

MOSTAZA.—Todo cuanto se relacione con la mostaza, es de mal agüero.

MOSTRADOR.—No trates de emprender ningún negocio ni jugar a la' lotería. Guarda tu dinero para mejor ocasión.

MOTIN.—Si sueñas hallarte en un motín, te anuncia que debes ser valiente y decidido para salir airoso en tus proyectos.

MUCHEDUMBRE.—Si en sueño ve gran cantidad de personas, no tardará en recoger el fruto sembrado con su constancia y trabajo, aunque debe procurar no enorgullecerse por ello.

MUDANZA.—Una desagradable noticia te espera.

MUDO.—Soñar con un mudo, seas tú u otra persona, es augurio de dificultades familiares.

MUEBLES.—Comprarlos, augura felicidad; venderlos, malos negocios e incluso adversidades.

MUELA.—Tiene mal significado el que en sueños se le caiga a uno una muela, ya que augura muerte de algún familiar o amigo muy querido.

MUELLE.—Estar en el muelle de un puerto, es señal de que recibirá gratas noticias de un amigo que se hallaba enfermo y que ha recobrado su salud.

MUERTE.—De hijo, prosperidades; de pariente o amigo, boda o nacimiento.

MUERTO.—Si en sueños besa a una persona muerta, indicio de larga vida. Verlo en el ataúd, enfermedad gástrica. Verse uno mismo muerto, señal de salud, honores y prosperidad.

MUJER.—Soñar con una mujer morena, señal de tristezas. Si es rubia, alegrías; pero si es pelirroja, habladurías y chismes. Estando encinta, buenas y agradables noticias. Desnuda, muerte de un familiar o amigo.

MULA.—Indica prosperidad en los negocios si está libre de cualquier carga. Cargada, dificultades en el trabajo o empresa.

MULATO.—Ver en sueños a un mulato, señal de riquezas y prosperidades.

MULETAS.—Ver en sueños unas muletas, restablecimiento de su salud, en el caso de estar enfermo. Andar con ellas, indicio de que no debe arriesgarse dinero en la lotería. Romperlas, paz y tranquilidad en el hogar.

MULTA.—Si usted es quien la paga, recibirá agasajos y provecho en su trabajo o negocios. Ver que es otra persona quien la paga, anuncio de pleitos.

MUÑECAS.—Soñar con muñecas, anuncia que nuestras alegrías serán breves y nuestras ilusiones no habrán de realizarse.

MUÑON.—Para quienes sueña con un muñón, tendrá que andar con cuidado, ya que le acecha un grave peligro.

MURCIELAGO.—Los murciélagos son anuncio de peligros inminentes: desengaños amorosos, aflicciones, graves accidentes y aun señal de muerte de familiares o amigos. También le avisa que tendrá que andar con cuidado en su trabajo o negocios, poniendo toda su fe y dedicación en ellos.

MUSICA.—Oír una buena música, señal de consuelo. Soñar que oímos música desafinada y desagradable, augura calumnias.

N

NABO.—Quien sueña con ellos, estando enfermo, pronto se restablecerá por completo.

NACIMIENTO.—Ver nacer un niño o enterarse en sueños de un nacimiento, presagia siempre noticias o sucesos agradables.

NADAR.—Soñar que uno mismo está nadando en el mar o en un estanque de agua limpia, es señal de placeres y comodidades. Si quien nada lo hace en un mar borrascoso o en un río caudaloso, augura próximos peligros.

NAIPES.—Jugar a los naipes, anuncia engaños y desilusiones. En el caso de que usted juegue con amigos, procure no emprender ningún negocio con ellos.

NALGAS.—Si es uno mismo quien se las ve, señal de peligro. Si el hombre o la mujer que las contempla sueña con las nalgas de una persona de distinto sexo, signo de lujuria.

NARANJA.—Soñar con naranjas, anuncio cierto de problemas y contrariedades. Si es usted quien la come, recibirá alguna herida.

NARANJO.—Lleno el árbol de frutos, pronto sabrá noticias que le dejarán perplejo. Si el naranjo está sin frutos, habrá de sentirse como abandonado y aun despreciado de sus amigos.

NARIZ.—Ver o tener una nariz corta o muy chata, señala enemis-

tades. Desproporcionadamente larga, signo de salud y de bie
nestar. Muy grande y abultada indicio de infidelidades amorosa

NAUFRAGIO.—Si sueña que usted viaja en un barco y éste nau
fraga, deberá precaverse para evitar que le suceda algo malo.

NAVAJA.—No es grato soñar con una navaja, ya que augura pe
leas y disputas familiares.

NAVIO.—Navegar a bordo de una nave y su viaje transcurre fe
lizmente, la suerte habrá de serle favorable. Si en el curso de l
navegación ardiera, mucha suerte en su vida, trabajos o negocios

NEBLINA.—Verse envuelto en la neblina, señal de estancamiente
en su trabajo y actual modo de vivir, por lo cual habrá de re
vestirse de paciencia esperando mejores tiempos.

NECESIDAD.—Si usted sueña que se halla en un lamentable es
tado de necesidad, tanto de trabajo como de dinero, pronto cam
biará su situación con un inesperado aumento de fortuna.

NEGOCIO.—Si se tiene un negocio o una buena colocación o em
pleo y se siente abrumado por el trabajo, anuncio de noticias
agradables y prosperidad inesperada. Este mismo pronóstico pue
de aplicarse si se sueña que su negocio va mal o está en quiebra

NEGRO.—Soñar con una persona de color negro, augurio de penas,
tristezas y quebrantos, ya que este color sólo nos trae desgracias
y melancolías.

NERVIOS.—Hallándose usted en sueños víctima de un ataque de
nervios, indicio de enfermedad pasajera y sin consecuencias.

NEVADA.—Viendo o estando uno en medio de una nevada, su
actual situación irá mejorando paulatinamente. Pero en el caso
de que la nieve cayera con violencia, cubriendo árboles y casas
es anuncio cierto de rápida prosperidad, paz y alegría en el
hogar y atenciones y obsequios de familiares y amigos.

NIDO.—Si es pajarillos, alegrías. De serpientes, calumnias.

NEBLA.—Procure no descuidar su trabajo ni sus problemas caseros.

NEVE.—Soñarla en cualquier estación, menos en invierno, augurio de buena cosecha para los labradores, aunque para las demás personas significa malos negocios y pérdidas.

NINFA.—No es grato este sueño para la mujer, ya que deberá guardarse de una amiga que trata de enamorar al hombre a quien ama.

NIÑERA.—Si tienes algún negocio, procura vigilar a la persona en quien has depositado tu confianza para cuidártelo.

NIÑO.—Por regla general, es grato sueño el soñar con niños. No obstante, debemos verlos alegres, juguetones y sanos. Si usted carga con él, anuncia tristezas. Siendo recién nacido, signo de prosperidad.

NISPEROS.—Soñar con nísperos, significa que usted es persona abúlica y perezosa y la suerte o el triunfo en su vida sólo podrá alcanzarlos con su laboriosidad y trabajo.

NIVEL.—Ver un nivel, el instrumento que sirve para comprobar la horizontalidad de las cosas, indica que tratará con gentes de conducta intachable que por nada se avendrán a ayudarle o proteger en algún asunto cuya solución no es decente ni correcta.

NOCHE.—Si se sueña con una noche estrellada, señal de felicidad en el hogar y en su trabajo. Noche tenebrosa, intrigas de amigos. Si usted sueña pasear durante la noche, augurio de penas y fastidio. Ver brillar la luna en horas nocturnas, declaración de amor.

NOCHEBUENA.—Soñar con esta linda y simbólica flor, indica cambios de fortuna que tal vez influyan a que usted se convierta en propietario de una hermosa casa.

NODRIZA.—Indicio de dolor, penas y aflicciones.

NOGAL.—Recoger nueces caídas al suelo, es señal y advertencia para uno mismo que debe moderarse en sus actuales actuaciones.

NOMBRE.—Si oímos que nos llaman por nuestro patronímico, h[...] bremos de tomar prceauciones en nuestro negocio, para evit[...] lamentables perjuicios.

NOPAL.—Soñar con nopales, anuncio de una mala noticia que p[...] drá afectarle. Quitarle las espinas a un nopal, su vida exper[...] mentará una grata satisfacción solucionando un caso o asun[...] que hasta ahora le tenía muy preocupado.

NOTARIO.—Si sueña con un notario, augurio de noticias de u[...] próximo matrimonio.

NOTICIAS.—Si en sueños recibe usted noticias favorables, sign[...] fica que le sobrevendrá una enfermedad o accidente. En cambi[...] si esas nuevas que recibe anuncian desgracias, predicen dicha[...] y venturas para usted y los suyos.

NOVELA.—Soñar que se halla uno mismo leyendo alguna novela[...] es señal de que habrán de invitarle a alguna fiesta. Pero si e[...] texto que lee se le figura tedioso y aburrido, esa fiesta a la qu[...] asistirá no habrá de ser de su agrado y complacencia.

NOVENA.—Asistir a una novena en un acto de devoción, es seña[...] de que la persona que sueña en ella es sencilla y caritativa.

NOVICIO.—Si se sueña con un novicio, vestido con su hábito reli[...] gioso, interpretación de juventud y de amor para con sus seme[...] jantes, puede considerarlo como próxima llegada de satisfaccio[...] nes.

NOVIO.—El hombre que sueñe verse vestido de novio, dispuest[...] para. contraer matrimonio, es augurio de boda frustrada o de[...] penosa enfermedad. Si se trata de una mujer, también luciend[...] su vestido de boda, es infausto anuncio de próxima defunción de[...] un familiar o de otra persona querida.

NUBES.—Este sueño es presagio de discordias, riñas y desavenien[...] cias entre familiares, las cuales llegarán a disiparse si vemos[...] que las nubes se van alejando disolviéndose.

NUDO.—Ver nudos de cuerdas o de hilos, indican dificultades y[...]

enredos; pero si en el sueño usted llega a deshacerlos, tal vez logre vencer este presagio.

NUERA.—Buen augurio es soñar con una nuera, ya que este sueño significa comprensión y apoyo de alguna persona amiga.

NUEZ.—Partiéndolas y comiéndolas, señal de dificultades con familia o amigos.

NUMEROS.—Soñar números en general, sin especificación alguna, o sea que ni se recuerda cuáles fueron, es anuncio de contrariedades. Si se soñara con el número 1, deberemos alejarnos de malas compañías. Si se sueña el 2, cuidémonos de algún amigo que trata de agasajarnos. El 3, huyamos de discusiones y pleitos. El número 4, señal de peleas y desavenencias. Si soñamos con el 5, indicio de buena suerte.

NUPCIAS.—Si soñamos con ellas, nos anuncia la llegada de un familiar o amigo con cuya visita recibiremos grandes satisfacciones. El ser invitado a ellas, ingratas noticias.

O

OASIS.—Si sueña usted hallarse en un oasis, es augurio de paz y descanso, dichas familiares, amistades firmes y gratas vacaciones.

OBELISCO.—Algún familiar o amigo no tardará en ofrecernos su ayuda y apoyo para elevarnos y mejorar y triunfar en nuestra actual situación.

OBERTURA.—Si soñamos escuchar una obertura musical, indica que recibiremos beneficiosos agasajos y magníficas oportunidades.

OBESIDAD.—Soñar que uno mismo engorda, señal de suerte en el trabajo y en la lotería. Enflaquecer, significa todo lo contrario.

OBISPO.—Soñar con un obispo, significa ayuda y una muy alta protección que no esperábamos.

OBLEAS.—Es señal de que una amistad en la que mucho confías, será causa de un gran disgusto.

OBSCURIDAD.—El verse en tinieblas, sin poder distinguir nada, augura ciertas contrariedades en nuestra vida, las cuales, si a través de esa obscuridad vislumbra un rayo de luz, deberá interpretar la modalidad de este sueño venciendo, desde luego con su perseverancia y trabajo, los inconvenientes que podrían presentársele.

OBSTACULO.—Soñar con obstáculos que en sueños se nos presen tan, es símbolo de fracasos, tanto en nuestro negocio como e nuestro trabajo. Pero si conseguimos franquearlos, acabaremo por vencer todas las dificultades.

OCA.—Si ve en sueños una o varias ocas, es símbolo de felicida doméstica. En cambio, si las oye graznar, indicio de dificultade aduladores.

ODALISCA.—Verse junto a una o varias odaliscas, es seguro au gurio de un próximo amor o amistad.

ODIO.—Si soñamos odiar a una persona conocida nuestra, es se ñal de que esa misma persona también nos aborrece en la vid real. Soñar que alguien nos odia, augurio de felicidad y segur reparación de actos e injusticias que nos fueron hechas.

OFICIAL.—Ver en sueños a algún oficial del ejército, nos anunci felicidad y suerte. Soñar que uno mismo lo es, promesas y di chas de amor.

OFICINA.—Hallándose en su propia oficina, recibirá noticias gra tas. Si en la oficina está usted simplemente como empleado, seña de mejoramiento en su trabajo y de éxito feliz en su vida.

OIDOS.—Soñar que usted oye, indica que alguien trata de habla con usted para proponerle algo interesante para ambos. Si lo oídos le zumban, advenimiento de malas noticias.

OJOS.—Si los ojos en que sueña son grandes y expresivos, seña de alegría. Ojos tristes y apagados, auguran tristezas. Si eso ojos nos miran cariñosos o insinuantes, indicio seguro de infide lidades. Si están cerrados, desconfiamos de alguna persona que nos rodea. Ojos saltones, significan envidias y perjuicios.

OLAS.—Siendo unas olas imponentes las que sueñas, es indici de que debes guardarte de algún enemigo que te acecha.

OLEAJE.—Un fuerte oleaje, augurio de que una persona que está con usted o trabaja en su negocio, puede traicionarle. Si el oleaje fuera suave, pronto conocerá a una mujer (u hombre) con la que afirmará una buena amistad.

OLIVO.—Ver un olivo es augurio feliz, comunión de afectos entre familiares y amigos, paz y tranquilidad. Si el olivo está lleno de aceitunas, próxima llegada de un hijo.

OLLA.—Soñar con este utensilio, indica pérdida de un gran amor o amistad.

OLMO.—Este sueño es señal de pobreza, excepto para leñadores, carpinteros y aquellos que en su trabajo tengan relación con la madera en general.

OLOR.—Es buen augurio de salud y de afectos si se huele en sueños, siempre que se trate de un olor agradable. Si éste fuera desagradable, deberemos cuidarnos de la salud y de los amigos.

OMBLIGO.—Si en su sueño aparece un ombligo, nos señala peligros y acusaciones.

ONICE.—Soñar con una figura u objeto de ónice, nos predice que habremos de cuidar nuestra salud.

OPALO.—Augurio feliz. Pronto recibirá un regalo.

OPERA.—Si sueñas escuchar una ópera, es indicio de vanos placeres y desidia, por lo cual habrás de procurar ser persona ordenada si quieres salir airoso de tus preocupaciones.

OPERACION.—Verla practicar, pérdida de un amigo por disgusto o muerte. Si es uno mismo quien la sufre, pérdida de bienes.

ORACION.—Si eres tú quien la elevas a Dios o a alguno de tus familiares o amigos muertos, recibirás justa compensación en beneficios, tanto en dinero como en el trabajo.

ORACULO.—No te fíes de quien quiera interpretar tu vida con exorcismos o naipes.

ORADOR.—Soñar con una persona que está haciendo un discurso, procura librarte de aquel que te haga vanas proposiciones.

ORANGUTAN.—Soñar con un orangután, gorila, chimpancé y demás familia de los grandes monos, sabremos de algún amigo que remeda y critica nuestros defectos, aunque tal burla la hace sin mala intención y puede traernos beneficios.

OREJAS.—Si en sueños vemos unas orejas físicamente bien hechas o las tenemos nosotros mismos, augurio de éxitos. Si se las limpia, alguien se nos ofrecerá como servidor y amigo. Si zumban es que se está murmurando de nosotros. Soñar con unas orejas largas, cierto aviso de alguna torpeza que vamos a cometer. Orejas cortas, procuremos no fiarnos de alguien que se dispone a engañarnos. Vernos sin orejas, luctuosas noticias por la pérdida de una persona querida. Si viéramos unas orejas de asno u otro animal irracional, augurio de traición.

ORFANDAD.—Si uno sueña que queda huérfano, es señal de mal augurio, pues está expuesto a sufrir un accidente.

ORGANILLO.—Es un mal sueño ver en él un organillo, ya que nos anuncia el fallecimiento de un familiar.

ORGANO.—Si el órgano es musical, el oírlo nos indica bienestar en el hogar y en el trabajo, e incluso puede anunciarnos próximo casamiento. Sin embargo, tocarlo, es señal de próximo duelo. Si se tratara de los órganos genitales, augurio de impotencia o esterilidad para la persona que los sueña.

ORGIA.—Encontrarnos en una orgía, deberás procurar enmendarte en tu proceder, so pena de perder el amor de tu amada.

ORINAR.—Hacer esta necesidad fisiológica junto a una pared, tendrás éxito en tu trabajo o negocio. Si lo hicieras en la cama, será anuncio de contrariedades.

ORINES.—Soñar con orines es símbolo de buena salud. En caso de soñar que los bebes, fin de la enfermedad, que ahora te aqueja.

ORO.—En sueños, el oro no significa ni bienestar, ni paz, ni beneficio alguno. Si lo encontramos, señal de inútiles trabajos. Si lo

onseguimos, grandes disgustos. En general, verlo, hallarlo o
poseerlo, es símbolo de tonta ambición o de reprensible avaricia.

ORTIGAS.—Soñar con ortigas es augurio de traiciones y contrariedades. Sin embargo, si nos pinchamos con ellas, significan
provecho y buenos resultados en nuestros asuntos.

ORUGAS.—Soñar con orugas es ingrata señal de traiciones.

OSO.—Verlo correr, auge en sus negocios. Si este animal lo acosa,
penas y contrariedades. Soñar con varios osos, indicio de próxima ayuda para algo que necesita. Quieto y pacífico, paz y tranquilidad.

OSTRAS.—Si usted en sueños ve ostras u ostiones, los recolecta
o bien los come, todo le augura buenas amistades, éxito en sus
negocios y logro de capital.

OVACION.—Soñar que usted es objeto de una ovación, tendrá
que desengañarse en la vida real de tal manifestación de plácemes y aplausos, ya que este sueño significa todo lo contrario.

OVEJA.—Buen presagio es soñar con ovejas, máxime si éstas son
suyas. Verlas sacrificar, augurio de sinsabores y lágrimas. Una
oveja negra, sola o entre el rebaño, señal de amores prohibidos
de los cuales debe procurar separarse.

P

PABELLON.—Aunque soñar con un pabellón es de mal augurio, máxime al comenzar un negocio, si usted no pierde su ánimo ante las contrariedades que pudieran surgirle, llegará a triunfar en su empresa.

PACTO.—Si sueña uno que hace un pacto con el diablo, es indicio de éxitos que, para su tranquilidad, debe procurar no conseguir por medios ilícitos.

PADRE.—Ver a los padres en sueños, signo de dichosas esperanzas. Si usted platica con ellos, llegada de buenas noticias. Verlos muertos, augurio de desgracia.

PADRINO.—Soñar con padrinos, significa próximo bautizo o boda.

PAGAR.—A los obreros, empleados o personas que dependan de usted, tendrá buena recompensa. Si paga a sus acreedores, próxima mudanza de domicilio. Si usted paga una deuda, tranquilidad y consuelo.

PAISAJE.—Recibirás noticias de una persona querida que se halla ausente. También puede anunciar aumento en la familia.

PAJA.—Verla en abundancia y bien acomodada, es signo de prosperidad y de riqueza. Desparramada, miserias, pronosticando cosas peores si la paja está mojada. Ver quemar paja, indicio de intranquilidad y pesadumbre. Dormir sobre ella, buena fortuna.

133

PAJARO.—Si los vemos volar, señal de felicidad y provecho. C tando, augurio de éxitos en nuestros negocios. Si los matam desgracia familiar.

PAJE.—Recibirás una proposición amorosa que puede perjudio te y debes procurar eludir. Mantén tu seguridad y confianza en vida que llevas.

PALA.—Seguramente tu situación no es tan firme y agrada como mereces, pero con tu constancia, lograrás grandes ventaj

PALACIO.—Si sueñas con un palacio y vives en él, no te falta problemas en tu vida que te amarguen.

PALMERA.—Soñar con palmeras, augurio de nuestros deseos ilusiones. Y con certidumbre, vaticina matrimonio y feliz éx en trabajos o estudios.

PALO.—Verlo, señal de penas. Apoyarse en él, anuncio de fermedades. Apalear a alguien, augurio de beneficios. Pero en sueños eres tú quien los recibes, sinsabores y pleitos.

PALOMA.—Quien sueña con palomas, gozará de placeres y feli dad hogareña. Ver unas palomas en su nido, señal de próxi boda. Tenerla en la mano o sobre nuestros hombros, recibi beneficios.

PALOMAR.—Si simplemente sueñas con un palomar, es adverten de que debes vigilar a tus hijos.

PAN.—Si el pan que ves o comes es blanco, significa provec para quien es pudiente y escasez y perjuicio para el pobre. Pe si el pan es moreno, todo lo contrario. El que sueña comer p dulce, señal de agasajos y fiestas familiares.

PANOPLIA.—Una panoplia completa y refulgente, es indicio atenciones y afectos. Siendo vieja y mohosa, deberemos cuidar de algún peligro que nos amenaza.

PANORAMA.—Soñar con un hermoso panorama, es anuncio cie de próximo viaje.

PANTALLA.—Si sueña usted con una pantalla, es demostración de que es muy susceptible y duda de algunas personas que le rodean. Júzguelas bien y obre en consecuencia.

PANTALON.—Siendo el pantalón nuevo, augurio de éxitos. Si esta prenda se halla en mal estado, señal de indigencia.

PANTANO.—Sólo si lo ve lleno y limpio, puede significar prosperidades. Vacío y encenagado, miserias. Tenga cuidado con la marcha de sus negocios.

PANTERA.—Soñar con una pantera es siempre un mal presagio.

PANTORRILLA.—Siendo bien formadas, anuncio de viaje. Unas pantorrillas chuecas o delgadas, no alterará su actual estado. Sin embargo, tal vez sea augurio de amores afortunados.

PANTOMIMA.—Si soñamos representar una pantomima, habremos de procurar en nuestra vida real aprovechar mejor nuestro tiempo.

PANTUFLAS.—Símbolo de paz y de felicidad hogareña.

PAÑO.—Si el paño en que soñamos es fino y de buena calidad, anuncio de que nuestra conducta será estimada. Paños corrientes o vulgares, acusan pobreza que, aunque honrosa, no nos servirá para nada.

PAÑOLETA.—Soñar que una misma se la pone para lucirla, señal de un próximo y buen regalo.

PAÑUELO.—Un pañuelo sucio, indicio de penas. Blanco y bien limpio, señal de gratas compañías. Si el pañuelo fuere de color rojo, riñas amorosas o matrimoniales. Un pañuelo negro, significado de luto.

PAPA.—Es un feliz augurio soñar con su Santidad el Papa de Roma, pues este sueño nos proporcionará grandes alegrías.

PAPAGAYO.—Soñar con un papagayo, indicio de que no tardará en desenmascarar a un amigo falso.

PAPEL.—Si el papel que sueña es blanco, es señal de alegría. Si se trata de papeles de negocios, disgustos y pleitos. Papel de cartas, buenas, noticias. Si el papel fuera de periódico, dificultades inesperadas.

PAQUETE.—Soñar que envía o recibe un paquete, anuncia que usted debe procurar rectificar pensamientos, ideales o modo de ser en su actuación en la vida.

PARACAIDAS.—Descender en un paracaídas o ver que alguien desciende en él, señal de que pronto saldrá de sus problemas y dificultades.

PARAGUAS.—Llevar un paraguas o ampararse con él, significa protección y ayuda. Perderlo, feliz hallazgo o grata sorpresa. Si por una racha de viento el paraguas se volteara al revés, amenaza de traición.

PARAISO.—Si usted sueña que se halla en paraíso, augura felicidad y gratos placeres.

PARALISIS.—Soñar que se está impedido, es señal de mal augurio. Si es un familiar o persona amiga quien ha sufrido un ataque de parálisis, es usted quien debe procurar cuidarse de tal persona con respecto a proposiciones o negocios que pueda proponerle.

PARCHE.—Llevar un parche, bien sea pegado en la piel o como remiendo en su traje, significa que no tardará en encontrarse con una persona a quien su ideal estaba buscando desde mucho tiempo atrás, con la cual hallará su felicidad.

PARED.—Soñar que usted mismo construye una pared, es señal de que su vida irá deslizándose con paz y tranquilidad, o con penas y agobios, tal como ahora vive. Verla derrumbarse, sus esperanzas o ilusiones respecto a un mejoramiento, pueden realizarse.

PARIENTES.—Ver en sueños a parientes nuestros, en el caso de que éstos vivan con ahogo y carencia de bienes, augura sucesos tristes y penosos.

PARIHUELAS.—Anuncio de enfermedad o accidente. Procure cuidarse lo más posible para evitar estas desgracias.

PADO.—Soñar con párpados, señal de abundancia.

QUE.—Pasear por un hermoso parque, significa que usted
zará de unas gratas vacaciones. Asimismo, anuncia restable-
miento a los enfermos. Ser propietario de un parque, es señal
e contrariedades y miserias, como castigo a nuestra vanidad.

QUET.—Si el parquet o entarimado se ve limpio y brillante,
licidad hogareña. Estando sucio, pérdida de dinero. Resba-
r en él, le anuncia que debe comportarse con prudencia.

RA.—Ver o plantar parras, significa cambio de estado, si
sted es persona soltera, y ayuda en el caso de que sea casado.

RILLA.—Este sueño le advierte de que debe procurar cui-
rse con respecto a una enfermedad gástrica.

TERA.—Un enfermo que sueñe con una partera, augura muer-
o quebrantos. Las personas que estén detenidas o metidas en
eitos, gozarán de libertad y saldrán airosos en su proceso.
uienes sueñen a menudo con una partera, pérdida de salud.

TES SEXUALES.—Si quien las sueña las tiene sanas, señal
buena salud. Enfermas, todo lo contrario. Si estas partes se
n más grandes de lo normal, signo de fortaleza. En el caso
que un hombre sueñe tener sexo opuesto, anuncio de difama-
nes. Vérselas extirpar, augurio de muerte o de gran catástrofe
su vida. Exhibirlas, augurio de pleitos con la justicia y de
emistades.

TO.—En general, este sueño indica dicha y tranquilidad. Asis-
a él, aumento de fortuna. siempre en mayor proporción como
antos nuevos seres vea nacer. Parto feliz, señal de prosperidad.
lo en el caso de que el parto fuera muy laborioso y aun tura que recurrirse a una cesárea, augura contrariedades.

AS.—Recolectar o comer pasas, es un mal sueño. No espere
s que sinsabores y contrariedades.

APORTE.—Si sueña ver o que le entregan un pasaporte, in-
a que el viaje que tenía proyectado habrá de diferirse por
ncio de una mala noticia.

PASCUAS.—Celebrar las tradicionales fiestas pascuales, le
can que no tardará en verse inonado en unos amoríos des‹
dos. Si quien sueña es mujer, pronto se encontrará co
hombre con el que podrán presentarse muchas posibilidad‹
matrimonio.

PASEO.—Soñar que se está paseando en compañía de varia‹
sonas, es anuncio de promesas pasajeras que no llegarán a
zarse, a menos que su voluntad y firmeza en que se cu›
tal vez puedan llegar a realizarse.

PASTEL.—Hacer o comer pasteles o pastelillos, significa‹
goces y satisfacciones. Viendo a niños comerlos en una
familiar, habremos de cuidar de nuestros hijos o hermano
nores, quienes podrán ser víctimas de algún accidente lar
ble. Si comiendo un pastel éste nos cae al suelo, contrarieda‹

PASTILLA.—Verlas o tomarlas, nos anuncia un próximo r
aunque éste se nos hará interesadamente por quien lo ofr‹

PASTOR.—Si en su sueño aparece el pastor sin su rebaño, es
advertencia de que pronto conocerá una persona que ta
pueda cambiar su vida. Estando el pastor con su rebaño, p
matrimonio.

PATADA.—Si usted sueña dar puntapiés (patadas) a algun
sona, recibirá algunas pequeñas ventajas en su actual situa

PATATAS.—Verse comiendo patatas en sueños, indica q‹
proyectos o asuntos que actualmente tiene pendientes, lo‹
magníficos resultados que mejorarán su vida actual.

PATIN.—Patinar en una pista o en la nieve, señal de
ganancias. Si patinando usted se cae, es evidente de que
de procurar no cometer imprudencias.

PATIO.—Soñar con el patio de la propia casa, grata vis
amigos. Si se tratara de un patio muy grande, signo de ‹
ridades. Un patio de cárcel, anuncia pérdida de dinero.

PATO.—Soñar con patos es señal de chismes y habladurías. Cazarlos, llegada de beneficios y tranquilidad en su vida. Si sueña que lo come, indicio de buenas noticias.

PATRULLA.—Patrulla policíaca, procuremos salir lo menos posible por la noche para evitar ser víctimas de un atraco. Una patrulla militar, significado de riñas y peleas. Patrulla de exploradores, grata reunión familiar o de amigos.

PAVO.—Si se sueña con un pavo o guajolote, próxima fiesta en el hogar en conmemoración de un fausto suceso.

PAVO REAL.—El soñar con esta ave, símbolo de vanidad y de presunción, significa que estamos rodeados de personas falsas e hipócritas. Si lo ve haciendo la rueda a su pareja, señala un matrimonio conveniente y ventajoso.

PAYASO.—Ver uno o varios payasos trabajando en el circo, diversión y breve alegría.

PAZ.—Si sueñas con ella, esto es, que existe paz y tranquilidad en el hogar, deberás mantener tu buena conducta para lograr que perdure.

PEBETERO.—Si ves o bien usas un pebetero para quemar incienso u otros perfumes, es demostración de que temes disgustos y perjuicios por algo no muy correcto que has cometido.

PECHO.—Si el pecho del hombre con quien sueña es velludo, índica prosperidad y ganancias. Si es mujer quien lo sueña y es casada, viudez inesperada. Pechos femeninos exuberantes, señal de salud y larga vida. Un pecho traspasado por filosa arma, augurio de malas noticias.

PEDO.—La persona que sueña con pedos, será víctima de calumnias y chismes por parte de algún amigo.

PEDRADA.—Tanto si la das como si la recibes, señal de amoríos y aventuras fáciles con mujeres de conducta dudosa.

PEGAMENTO.—Soñar que usted está pegando cualquier objeto, pronto sabrá de alguna persona amiga, a la cual consideraba como un egoísta, que se ofrecerá a ayudarle en algo que habrá de darle buenos resultados y mejor rendimiento. Si en su sueño se ensuciara las manos con el pegamento que está usando, se le presentarán problemas con gentes desconsideradas e intrigantes.

PEGAR.—Si es uno mismo quien pega a alguien, señal de paz hogareña. Pegarle a la esposa en sueños, posibilidad de adulterio por parte de ella. Si se pega a un animal, cometerás faltas graves.

PEINADO.—Tratándose de un salón donde acuden las señoras a peinarse, augurio de éxito en el negocio que ahora le preocupa.

PEINAR.—Peinar a una persona, señal de riñas y disgustos. En el caso de tratarse de un niño a quien peina, augurio de buena salud para sus hijos y éxito en sus estudios.

PEINE.—Simplemente soñar con un peine, significa desaveniencias matrimoniales. Obsequiarlo, creación de una buena amistad con persona del sexo opuesto al suyo.

PELADILLAS.—Si uno mismo sueña que come peladillas, es anuncio de próximas alegrías y fiestas, bien en su casa o en la de personas de su estimación.

PELDAÑOS.—Subir por los peldaños de una escalera, simboliza aventuras amorosas.

PELEA.—Pelearse con un familiar o amigo, tenga por seguro que su contendiente habrá de ayudarle a remediar su situación o a colaborar con su negocio. Si las personas con quien pelea son gentes desconocidas, le anuncian malas noticias. Siendo la pelea entre marido y mujer o entre novios, recibirá un regalo.

PELETERIA.—Tratándose en el sueño de pieles de lujo, para la mujer que las sueñe, símbolo de riqueza. Si fuere un hombre, estancamiento en su situación. En el caso de que las pieles estuvieran deterioradas, despecho y contrariedades amorosas.

PELICULA.—Hallarse en un cine viendo la exhibición de una película, anuncio de malas noticias.

PELIGRO.—Soñar que se corre un peligro, grato augurio de que su situación mejorará, desde luego, poniendo por su parte trabajo y voluntad para conseguirla.

PELO.—Soñar con alguien que tiene el pelo negro, símbolo de desgracia. Rubio, alegría y satisfacciones. Ver o llevar el pelo desgreñado, contrariedades. El pelo largo, llevándolo un hombre, desengaños. Si lo luce una mujer, anuncio de vida tranquila, apacible matrimonio y llegada de hijos saludables.

PELOTA.—Si ve una pelota y está usted jugando con ella, significa que pronto le pagarán una deuda. Verla simplemente que bota, ese pago se demorará por algún tiempo.

PELLIZCO.—Si lo das o te lo dan, este sueño indica que por tus inconsecuentes diversiones fuera de tu hogar, llegarás a caer enfermo. Ten presente que tu familia es lo primero.

PELUCA.—Si sueñas con ella, es ingrato anuncio de que sufres o sufrirás de reumatismo y, por lo tanto, tendrás que cuidarte.

PELUQUERO.—Si quien le atiende en el arreglo de su cabello es persona limpia y elegante, es significado de prosperidad en su trabajo o negocio. Un peluquero desaliñado y sucio, indica todo lo contrario. Si el peluquero fuera usted, que atiende a un cliente, augurio de enfermedad.

PENACHO.—Un hermoso penacho anuncia inesperadas riquezas. Cuanto más rico y hermoso sea, recibirá mayores beneficios. No obstante, en algún caso puede significar querellas, de las cuales saldrá siempre en bien.

PEÑASCO.—Soñar que nos hallamos en la cima de un peñasco, pronto se realizarán nuestros más caros deseos. Si trepamos en él, buen augurio para nuestras aspiraciones. Si soñamos descender del mismo con violencia, señal de contrariedades.

PENAS.—Si se sueña que se siente una profunda pena, recibirá inmediato consuelo. En el caso de que sea usted quien las provoca entre familiares o amigos, usted mismo será quien las remedie entre las personas afectadas por ellas.

PENDIENTES.—Las solteras que sueñan con pendientes, anuncio cierto de próximo enlace. Las casadas sin hijos, habrán de esperar la próxima llegada de la cigüeña. En cambio, a los hombres que sueñen con ellos, sinsabores y mala situación económica.

PENSAMIENTO.—Tratándose de la mística flor, es señal de que alguna persona ausente le recuerda con cariño.

PEÑA.—Simplemente soñar con una o varias peñas, te hallarás envuelto en infidelidades que pueden ocasionarte graves consecuencias. Este sueño es símbolo de amores prohibidos y por ello tendrás que cuidarte que no se te descubran.

PEPINO.—Comer pepinos en sueños, sufrirás penas sentimentales que dejarán profundas huellas en tu corazón. Ofrecérselos a una persona desconocida, señal de que, involuntariamente, motivarás penas o disgustos a un familiar o amigo a quien verdaderamente estimas.

PERA.—Si las comes bien maduras y sazonadas, augurio de gratas satisfacciones. Y tal vez pueda ser este sueño anuncio de matrimonio, según en el estado en que te halles. Estando las peras verdes, señal de que pasarás unos días con nerviosismo, que pronto habrá de disiparse con tu voluntad y esfuerzo.

PERCHERO.—Soñar con un perchero, y si quien sueña en él es persona ya mayor, deberá procurar elevar su ánimo para evitar caer en una abulia que tal vez podrá llevarla a una vejez prematura.

PERDER.—Si el que sueña ve que se pierde o se extravía en un camino o en una ciudad, es señal de obstáculos que se le presentarán inopinadamente. En cambio, si soñamos que hemos perdido alguna cosa, será augurio de un feliz hallazgo.

PERDIZ.—Este sueño revela relaciones y amistades placenteras. Matarla, anuncia engaños o fraudes por parte de un amigo o consocio. Comerla, signo de riquezas, aunque también depresión moral por algún suceso imprevisible.

DONAR.—Conceder el perdón a una persona por una mala
ción que haya cometido, es infausta señal de penas y lutos.

EGRINACION.—Soñar que se toma parte en una peregrina-
ón o romería, indica que usted está pasando por unos momen-
s de intranquilidad y preocupación. Si se separa de los pere-
inos, seguramente conseguirá alejar los pensamientos que le
obian.

EGRINO.—Es señal de buen presagio soñar con un peregrino,
empre que usted no lo sea. Anuncia próximo viaje.

EJIL.—Anuncio de ilusiones truncadas y falsas esperanzas.

FUME.—Si el hombre sueña que va muy perfumado, indica
e recibirá ingratas noticias de pérdidas y fracasos. Siendo
ujer, indicio de que el hombre a quien ama la engaña con otra.

ICO.—Soñar con un perico, es cierto aviso de contrariedades
e habrá de recibir por chismorreos y calumnias de algún amigo
vecino. · Si sueña en cambio que usted regala el perico o peri-
uitos, se librará de las maledicencias y envidias que pueden
menazarle.

IODICO.—Leer un periódico, señal de críticas y burlas. Si
sted escribe en él, tendrá una racha de suerte, la cual debe pro-
urar saber mantener para que perdure. Ver montones de perió-
icos, desconfíe de algún amigo que le traiciona.

LA.—Soñar con perlas, indica advenimiento de tristezas, pe-
uria y de hambre. Estando ensartándolas para hacer un collar,
 pronóstico no será tan lamentable, aunque de todos modos es
eñal de soledad, decaimiento y fastidio. Si las perlas fuesen
alsas, pérdida de ilusiones

RMISO.—Si sueña que usted solicita un permiso para salir al
xtranjero o establecer un negocio, es augurio de alegrías y pla-
res, aunque de poca duración.

RRO.—Si se ve en su sueño un perro de color negro, indica que
ebe precaverse contra un enemigo peligroso. Un perro dor-

mido, señal de paz y tranquilidad. Si ladra o gruñe, hay (
procurar cuidarse uno mismo y la familia. Varios perros en
titud tranquila o durmiendo, signo de buena salud y aum(
de hijos. Si están peleando entre ellos o contra otro animal,
yertas.

PERSECUCION.—Soñar que una persona o animal nos pe
gue, presagio de engaños en el terreno amoroso.

PERSONAJE.—Si soñamos recibir la visita de un alto person(
es señal de honor y consideraciones. En general, ver una pers(
que ocupa altos puestos, indica alegría y consuelo en las desg
cias que pueden afligirnos.

PESADILLA.—Este sueño augura infidelidades conyugales.

PESADUMBRE.—Soñar que se está afectado por penas y con(
riedades, pronto recibirá una sincera protección por parte
sus jefes o superiores.

PESCADO.—Verlo, comprarlo o comerlo, indicio de que bue(
empleos y ganancias que no tardará en alcanzar, habrán de
jorar su actual estado de vida.

PESCAR.—Pescar uno mismo o ver a otra persona pescando (
caña, anuncio de miseria. Si se pesca con red, mejoría en nu
tro estado o situación, la cual será más buena cuanto mayo
sean los peces que pescamos.

PESO.—Soñamos levantar grandes pesos, nuestros esfuerzos n
recerán un justo premio. Tratándose de monedas de a peso,
estamos contándolas, señal de fortuna y pingües ganancias.

PESTE.—Si en sueños nos vemos atacados por esta terrible en(
medad, pronto alcanzarás una envidiable situación debido a
cibir mucho dinero por herencia, regalo o suerte en la loter

PETACA.—Si la petaca está repleta de ropa u otras cosas, será
ñal de paz y de bienestar; pero si estuviera vacía, pérdida
empleo y de dinero.

144

P

PETARDO.—Siendo uno mismo quien lo lanza en una reunión de gente, es anuncio de que debe perseverar en su trabajo para llegar a alcanzar una situación envidiable.

PETATE.—Si es persona pobre la que sueña dormir sobre un humilde petate, su vida mejorará notablemente adquiriendo un grato bienestar. Si quien lo sueña es persona rica, augurio de pérdida de dinero.

PETROLERO.—Soñar con petróleo, anuncio de que debe estar con cuidado para evitar algún incendio.

PEZ.—Si los peces que sueña son grandes, señal de abundancia y prosperidad. Pequeños, indicio de escasez. Siendo los peces de colores, anuncio de mala noticia de un amigo gravemente enfermo. Soñar que uno mismo es comido por los veces, tristeza y melancolía.

PIANO.—Verlo, indicio de felicidad fugaz. Tocarlo u oírlo tocar, señal de enemistades.

PICARO.—Si se sueña con una persona conocida, cuya vida sabemos está plagada de picardías y malas intenciones, sabremos de alguien que se halla detenido o en problemas judiciales, al cual hemos de ayudar y socorrer en lo posible.

PICO.—Soñar con esta herramienta, significa que uno es persona activa y trabajadora. Si se trata del pico de una montaña, indicio de éxitos en nuestro trabajo.

PICHON.—Símbolo de amor sincero, de paz y bienestar.

PIE.—Unos pies limpios, señal de buenas amistades; sucios, malas compañías de las que debemos alejarnos. Pies heridos o cortados, penas y sinsabores. Si están atados, augurio de parálisis. Besar los pies a una persona, demostración de humildad. Tener un pie fracturado, fracaso en viajes o negocios.

PIEDRA.—Si sueña que lanza piedras, esto significa tormento de celos. Si caminamos sobre ellas, contrariedades en nuestra vida.

PIEDRAS PRECIOSAS.—Las piedras preciosas tienen, por regla general, malos augurios. Desde luego, hay excepciones o significados más consoladores, si sólo se ven, se tocan o se lucen. He aquí lo que algunas de ellas vaticinan: *Amatista*, satisfacciones pasajeras. *Berilo*, amores, aunque costosos. *Coral*, peligro en el mar. *Diamante*, fugaz triunfo en el negocio. *Esmeralda*, éxitos. *Granate*, felicidad después de ímprobos trabajos. *Lapislázuli*, amor correspondido. *Opalo*, malos presagios. *Rubí*, perjudiciales aventuras amorosas. *Topacio*, éxitos. *Turquesa*, ganancias tras ardua lucha. *Zafiro*, favores y amistad.

PIEL.—Una piel blanca, augurio de dificultades que irán desvaneciéndose paulatinamente. Si es negra, procuremos ahorrar para evitarnos malestares futuros. Amarilla, símbolo de penas. Una piel de animal, señal de dinero.

PIERNA.—Vigorosas y bien formadas, augurio de feliz viaje. Hinchadas o ulceradas, desazones y perjuicios. Una pierna de madera, pérdida de un amigo que nos protegió. Amputadas, enfermedad o muerte.

PILA.—Si se trata de una pila de agua bendita, vaticina terminación de nuestras penas y aflicciones.

PILLAJE.—Tratándose de uno mismo que toma parte en un acto de pillaje, procure librarse de los ladrones.

PIMIENTA.—Soñar con pimienta o tomarla como condimento en alguna comida, es señal de que algún peligro se cierne sobre usted.

PINCHARSE.—Es mal sueño que uno mismo se pinche con una aguja, ya que es anuncio de contrariedades, inestabilidad en su actual situación y aun descrédito de su persona.

PINGÜINO.—Si teniendo usted proyectos para el trabajo o negocio sueña con pingüinos, tendrá dificultades que, por fortuna, habrán de ser remediadas a no mucho tardar.

PISADA.—Si estando soñando ve usted huellas de pisadas, o bien sin verlas las oye, significa que llevará a cabo un asunto que puede beneficiarle en mucho, que descubrirá un importante secreto que no esperaba, o tal vez que será víctima de una gran traición por parte de persona muy querida.

PISAR.—Soñar que pisa el suelo, yendo descalzo, anuncio de jugosos negocios.

PISCINA.—Siendo de agua limpia, verla o estar metido en ella, señal de cosas gratas. Si el agua estuviera turbia, vaticina contrariedades y disgustos.

PISTOLA.—Ver simplemente una pistola, es símbolo de poder y de superioridad, aunque presagia falsos provechos. Si sueña que la está cargando, significa que su mente piensa en perjudicar a una persona que hasta ahora fue siempre su amigo. Dispararla, señal de cólera por su parte y esto puede acarrearle recibir noticias que habrán de condolerle.

PIZARRA.—Soñar con una pizarra o pizarrón, anuncia obstáculos imprevisibles.

PLAN.—Si en sueños usted ha concebido un buen plan de trabajo o de negocios, no dude en ponerlo en práctica, en la seguridad de salir triunfante del mismo.

PLANCHA.—SI quien sueña es persona de negocios, en el caso de tener algún pleito respecto a él, debe procurar solucionarlo por medio de amigables componedores, sin llegar a violencia alguna, lo cual podría perjudicarle.

PLANETA.—Soñar con un planeta, anuncio de éxitos, siempre que éste se vea muy brillante.

PINO.—Soñar con pinos, le aseguran buen estado de salud. En el caso de que soñara cortándolo, augurio de malas noticias.

PINTAR.—Si es uno mismo quien pinta, señal de larga vida. Ver pintar a otra persona, significa que tendrá un afortunado encuentro con un amigo.

PINTURA.—Tratándose de la preparación en toda la gama de colores que se utiliza para pintar, habrá que descifrar el sueño de acuerdo con los colores de las respectivas pinturas, definiendo como buen augurio los colores claros, desde el blanco, hasta ir siguiendo hasta el negro. Los claros significan alegría y bienestar, y los más obscuros penas y quebrantos.

PIÑA.—Soñar o comer piña, vaticina disgustos y desavenencias en el hogar.

PIOJO.—Quien sueña con piojos, puede tener por seguro que recibirá dinero en abundancia.

PIPA.—La persona que fuma o sueña soñar en pipa, obtendrá honores y beneficios. Pero si sueña que la rompe, recibirá disgustos y contrariedades.

PIQUETE.—Si en sueños le pica un insecto, es señal de deshonor y difamaciones que le esperan. Si el piquete llegara a infectársele, deberá precaverse de personas que le rodean con malas intenciones.

PIRAGUA.—Soñar con una piragua, es anuncio de que habrá de tomar medidas para librarse de sinsabores que pueden perjudicarle.

PIRAMIDE.—Escalar una pirámide hasta su cúspide, es augurio de esplendor, fortuna y grandes riquezas.

PIROTECNIA.—Ver en sueños castillos de fuegos artificiales, significa grandes cambios en su familia: viajes, casamientos y un notable cambio en su actual forma de vivir.

PLANTA.—Si soñamos plantas, verdes y lozanas, auguran vida feliz y magnífica salud. Este sueño tiene el mismo significado aun tratándose de plantas medicinales.

PLANTACION.—Ver o hallarse en una plantación, cualesquiera que sean las plantas que allí frutifican, indica que pronto tendremos una eficaz ayuda de una persona con quien no contábamos.

PLANTAR.—Si somos nosotros mismos quienes estamos en un huerto o en un jardín plantando árboles, verduras o flores, tengamos por seguro que nuestros proyectos de trabajo, negocio o inversiones, tendrán éxito.

PLATA.—Si en sueños encontramos plata, indicio de larga vida. Si soñamos venderla, magníficos negocios.

PLATO.—Un plato lleno de comida, anuncio de próximo boda.

PLATOS.—Un plato lleno de comidas, anuncio de próxima boda. Si soñamos con platos rotos, perderemos una vieja y buena amistad. Platos sucios, herida en nuestro amor propio. Un rimero de ellos, desesperanzas y fracasos.

PLAYA.—Soñar con una hermosa playa, suave y arenosa, vaticina alegrías y fiestas. Una playa llena guijarros, incovenientes de los que saldremos apenas nos lo propongamos.

PLAZA.—Ver una plaza o hallarnos en ella, indicio de que las molestias o inconvenientes que ahora nos preocupan, no tardarán en desaparecer.

PLEITO.—Si en sueño es actor o simplemente testigo de un pleito, señala tiempo e intereses perdidos inútilmente.

PLOMO.—Si lo ve en lingotes, es anuncio de que habremos de ser prudentes en asuntos y amigos. Ver tubos de plomo, señal de buenas amistades. Procure cuidar de su salud.

PLUMA.—Plumas blancas, auguran dinero. Negras, estancamiento en la felicidad que esperamos. Amarillas, disgustos. Verdes, quebrantos. Sucias, desgracias. Verlas volar, señal de fiestas.

POBRE.—Ver en sueños a un pobre mendicante, es significado de buena fortuna para usted, máxime si le ayuda con una limosna. Ser usted mismo el pobre, indicio de felicidad pasajera.

PODAR.—Si soñamos que estamos podando un árbol o arbustos, anuncia mengua en nuestros intereses y que debemos escoger con cuidado nuevas amistades a las que posteriormente no tengamos también que podar.

PODREDUMBRE.—Soñar con artículos comestibles de consumo o

de substancias o cuerpos en estado de descomposición, augura que su estado de salud no es muy bueno y deberá cuidarse, particularmente, con respecto a su aparato digestivo.

POLICIA.—Si sueña que la policía le persigue, por una falta o delito que también en sueños haya cometido, es señal de que recibirá una inesperada ayuda que deberá aprovechar en su beneficio.

POLICHINELA.—Procure no divulgar su secreto o situación entre personas a quienes tiene por buenos amigos y no lo son.

POLILLA.—Ver polillas, este insecto tan perjudicial en los hogares, significa que amigos o personas a tu servicio proceden con malas intenciones.

POLLO.—Soñar con un pollo blanco, señal de próxima llegada de algún hijo o de parientes muy allegados. Si es negro, anuncio de noticias gratas. Un pollo bien cebado, augurio de riquezas y bienestar. Si está flaco, indica continuidad en su vida, tal como en la actualidad se halla. Si sueña que lo sacrifica, tendrá ganancias. Ver muchos pollos, reunidos, cuídese de chismes.

POLVERA.—Contemplar en sueños una bonita polvera, augurio de próxima conquista amorosa.

POLVO.—Aplicándose usted el polvo a la cara para parecer más bella de lo que es, señal de coquetería. Si el polvo es del camino o lo ve en su casa, cuídese de afecciones en la garganta.

POLVORA.—Soñar con este preparado explosivo anuncia violencias o tal vez algún encuentro desagradable.

PORCELANA.—Si sueña con objetos de porcelana, tiene el significado de un casamiento venturoso. Si las figurillas o platos estuvieran rotos, amenaza de pleitos, desavenencias y contrariedades.

PORO.—Esta hortaliza vaticina desavenencias familiares a causa de gastos injustificados.

PORTAFOLIO.—Verse en sueños llevando un portafolio, demuestra que usted se encuentra agobiado por deudas y compromisos.

PORTAMONEDAS.—Este sueño te anuncia que debes procurar dedicarte con más cuidado a tu trabajo o negocios, de lo contrario, menguarás en tu trabajo o negocios.

PORTERO.—Soñar con el portero de nuestra casa, es señal cierta de chismorreos y maledicencias.

POSADA.—Si usted sueña ser el dueño de una posada, significa que recibirá serias contrariedades. Si se halla en ella como viajero, motivo de preocupaciones. Ver o platicar con el posadero, anuncio de viaje.

POSTIZO.—La persona que sueñe con postizos, pelucas, barbas, bigotes, etc., pronto se dará cuenta de que una persona en quien confiaba lo está engañando.

POZO.—Si en el pozo aparece el agua limpia, buena fortuna. En el caso de ser turbia, pérdidas. El acto de soñar estar sacando agua de un pozo, significa casamiento por conveniencia. Si se cae en él, deshonor y humillaciones.

PRECIPICIO.—Caerse en sueños en un precipicio, anuncio de graves peligros y catástrofe moral. Si solamente lo vemos, estas desdichas quedarán en suspenso. Ver a un amigo que se cae, indica que éste se halla en mala situación y debemos ayudarle.

PREDICADOR.—El soñar a un predicador en un sermón dando buenos y hermosos consejos, es señal de alegría para su alma y contento para su corazón. Si el sermón fuera muy largo y pesado, indica que tendrá usted discusiones políticas o religiosas con amigos, que podrán causarle algún disgusto.

PREGONERO.—Ver a este hombre lanzar su pregón en la plaza del pueblo, indica desavenencias conyugales. Procure usted andar con el mayor tacto para evitarlas.

PREGUNTAS.—Si en sueños se las hacen a usted, es indicio de curiosidades y torpes recelos.

PREMIO.—Otorgándole al que sueña un premio, vaticina alegría y contento. Honra será para quien lo recibe.

PREÑEZ.—Para la mujer que ya es madre, soñarse en tal estado simboliza una perfecta y magnífica maternidad.

PRESIDIO.—Soñar que una persona amiga de usted se halla en presidio, significa que ésta acaba de conseguir una mejor situación en su actual estado. Estar uno mismo internado en tan terrible lugar, anuncia que debe cuidarse de ciertas amistades que pueden perjudicarle.

PRESENTES.—Si se sueña recibir un buen regalo o presente, habrá paz y felicidad en la casa. Ofrecerlo, todo lo contrario.

PRESTAMISTA.—Apareciéndosele en sueños un prestamista, tenga por seguro que habrá un cambio favorable en su vida. Si por cuestiones de dinero sueña estar peleándose con él, deberá rectificar su actual conducta con sus familiares, ya que con ellos se está portando incorrectamente.

PRESTIDIGITADOR.—Guardémonos de familiares o amigos que quieren aprovecharse de nuestra bondad para jugarnos una mala partida.

PRIMAVERA.—Soñar con la llegada de la más bella estación del año, es grato anuncio de que experimentará de una grata felicidad, aunque ésta habrá de serle breve y pasajera.

PRIMO.—Si se sueña con un primo, es señal de que pronto habrá un matrimonio en el seno de la familia. Soñar con una prima, usted tendrá alguna aventurilla amorosa, pero con persona que no será de su conveniencia.

PROCESION.—Presenciar el desfile de una procesión, es señal de felicidad y larga vida. Formar parte de ella, augura un brillante porvenir, si la persona que sueña es joven, o una tranquila vejez a los mayores.

PROFECIA.—No se debe hacer caso de las profecías que se nos presenten en sueños, a menos que éste se manifieste con toda claridad y manifestación.

PROFESION.—Soñar que uno mismo adquiere una profesión en cualquier clase de trabajo, anuncia dicha inesperada.

PROFESOR.—Si usted sueña que es un profesor e imparte clases a sus alumnos, significa que no tardará en salir airoso de sus preocupaciones y problemas que tiene en la actualidad.

PROMETIDO.—La persona que sueña que se ha prometido con una muchacha o un joven, no tardará en recibir la bendición nupcial.

PROMESA.—Soñar que promete una manda a un santo de su devoción de quien espera un favor o milagro, será correspondido en breve lapso.

PROPIEDAD.—Si en sueños ve usted que, por herencia o regalo, recibe en propiedad una casa o un terreno, tenga por seguro un próximo casamiento muy ventajoso. Cuanto más grande o extenso sean, mucho mayor habrán de ser sus ventajas.

PROPIETARIO.—Si usted es propietario en sueños de una o varias casas, significa que su actual estado de vida cambiará en su beneficio. Soñar con el propietario del inmueble en que usted habita, anuncio de contrariedades en el trabajo y en el negocio que usted posea.

PROTECCION.—Solicitar protección de alguien, indica fracasos y humillaciones. Si usted es quien la ofrece a otra persona, indica que tal vez uno mismo tenga que solicitarla.

PROTESTA.—Soñar que usted eleva una protesta por algo que considera injusto o ver en su sueño a un grupo de gentes que tumultuosamente lo hacen, augura agobios y tribulaciones por falta de dinero para salir de sus deudas y compromisos.

PROVISIONES.—Hacer acopio de provisiones temiendo la escasez de algún artículo en el mercado, indica que no se tardará en recibir gratas satisfacciones. En cambio, si saliendo de paseo o de vacaciones pierde un morral o la cesta de provisiones que llevaba para pasar un feliz día campestre, habrá de sufrir algunas contrariedades.

PRUDENCIA.—La persona que sueñe comportarse prudentemente en algún acto de su vida, debe procurar continuar siéndolo en la vida real.

PUENTE.—Si se sueña pasarlo, es señal de trabajos. En el caso de que el puente fuera de madera, augurio de malas noticias. Si este estuviese ruinoso e inseguro, habremos de cuidarnos de alguien que quiere perjudicarnos. Atravesar un puente levadizo, supongamos de una fortaleza antigua, descubriremos un secreto que podrá beneficiarnos.

PUERCO.—Soñar con este animal, significa que asistiremos a fiestas y banquetes en la casa de familiares o amigos. Si es usted quien come puerco, señal de buenos negocios.

PUERTA.—El acto de abrir en sueños una puerta, es anuncio de éxito en nuestro trabajo o negocio, que asegurará nuestra actual posición. Puerta cerrada, señal de dificultades con los amigos y discusiones con la esposa o familiares. Derribarla, augurio de malas noticias. Soñar que uno mismo es quien está pintando una puerta, próximo cambio de domicilio o de trabajo.

PUERTO.—Soñar que se halla en un puerto de mar, vaticina que se verá mezclado en una pelea o un lío, completamente ajenos a usted. También puede significar próxima llegada de buenas noticias que habrán de satisfacerle.

PULGA.—Ver pulgas en sueños, es ingrata señal de disgustos y contrariedades que nos traerán muchas complicaciones. Si uno se siente picado por ellas, chismorreos en la vecindad.

PULMON.—Si en sueños le duelen los pulmones, anuncio de enfermedad. Ver el pulmón de un animal (bofe) en una carnicería, recibirá una inesperada visita, no precisamente de persona muy grata para usted, pero que podrá favorecerle cuando menos lo esperaba.

PULPITO.—Hallarse quien sueña en un púlpito, significa que pronto recibirá una agradable sorpresa que redundará en bienestar y dinero.

PULPO.—Soñar con pulpos significa que cierta persona que detestamos y nos resulta insoportable, trata de hacernos la vida molesta y pesarosa.

PUÑAL.—Ver un puñal en sueños, nos anuncia la próxima llegada de gratas noticias de personas a quien estimamos. Si vemos a alguien que lleva un puñal, señal de buenos negocios. Verse herido por una puñalada, augura fraudes o engaños.

PUÑETAZO.—Dar o recibir puñetazo, es indicio de que tu libertad peligra; o tal vez el empleo en que trabajas.

PUÑO.—Si sueñas que tiene uno mismo un puño herido o lastimado, es augurio de malas noticias. Tratándose de puños de tela, de camisa por ejemplo, comprarlos es señal de un feliz matrimonio. Llevarlos y lucirlos en un vestido, recibirá felicitaciones que halagarán su vanidad.

PUPILA.—Si éstas son grandes, pronto sabrás gratas noticias de una persona con la que desde hace mucho tiempo no has visto ni tratado. Pupilas pequeñas, señal de indiferencias y desprecios.

PUPITRE.—Soñar con un pupitre escolar, es augurio cierto de que todas las maquinaciones y chismorreos de que todavía es usted objeto no tardarán en acabar con un rotundo triunfo sobre sus enemigos.

PURGA.—Tomar uno mismo la purga, pronto se aclarará la molesta situación en que se halla. Para la persona que se halle enferma y sueñe que toma la purga, próximo y completo restablecimiento de salud.

PURPURA.—Si se sueña con este color, es anuncio de honores, triunfos y dulces amores que serán correspondidos.

PUSTULAS.—Tenerlas uno en el cuerpo, vaticina que conseguira grandes e inesperadas satisfacciones.

Q

QUEJAS.—Si eres tú quien las haces, o bien sueñas que es otra persona la que las hace, debes procurar no inmiscuirte en casos o asuntos de otras personas que las hagan, llevado por tu espíritu conciliador, ya que ello no te aportará beneficio alguno.

QUEPIS.—Soñar con un quepis, el ya anticuado sombrero que llevaban los soldados, anuncia afecto, camaradería y gratas y cordiales relaciones. Si quien sueña es mujer, significa próxima amistad con un militar.

QUERELLA.—Si la querella es entre hombres, vaticina celos. Entre mujeres, penas y tormentos. Si es entre un hombre y una mujer, relaciones amorosas.

QUERIDA.—Una querida o amante que aparezca en sueños, indica que habremos de dedicar más tiempo y amor al cuidado de nuestro hogar.

QUESO.—Soñar con queso, augurio de contrariedades. Sólo si lo come, recibirá breves e insignificantes beneficios.

QUIEBRA.—En sueños, una quiebra de su negocio es señal de que le ayudará la suerte, bien sea por herencia o por haberle salido con un jugoso premio un billete de la lotería.

QUIJADA.—Unas quijadas perfectas, sin prognatismo, vaticinan buena salud y afectos sinceros. En el caso de que una apare-

ciera rota, anuncio de accidente, aunque no grave. Si fuera mu
jer la que la sueña rota y hasta sangrante, tendrá un altercad
con una persona allegada.

QUIMONO.—Soñar con un quimono o llevarlo puesto, indica qu
es usted persona un poco venidosa y debe procurar rectificar s
manera de ser.

QUINIELA.—Jugar en una quiniela, anuncia esperanzas fru
tradas. Si acierta en ella, mengua de dinero.

QUINTA.—Una quinta frondosa, con hermosos trigales o plant
ciones, es segura demostración de bienestar, herencia o enlac
ventajoso.

QUIOSCO.—Si se sueña con un quiosco, es augurio de una ave
tura campestre en la que el amor jugará su principal papel.

QUISTE.—Tener en sueños un quiste, es aviso de que debe hac
un examen de conciencia y poner las cosas en su lugar, de
contrario, habrá de arrepentirse.

R

RABANO.—Soñar con rábanos, anuncio de próximas y gratas noticias. Comerlos, indicio de vida apacible y serena. Si la persona que sueña está enferma, pronto alivio.

RABIA.—Una persona o animal rabioso que se nos aparezca en sueños, demuestra que anidan en nuestro corazón sentimientos de venganza, los cuales habremos de olvidar so pena de vivir en continuo sobresalto.

RABO.—Quien sueñe con un rabo, recibirá muy buenas noticias o bien un inesperado obsequio.

RAIZ.—Si soñamos raíces, es un aviso de que hemos de procurar ordenar nuestra vida, para que nos sintamos con fuerza y seguridad de triunfar contra nuestras adversidades.

RAMAJE.—Soñar con un ramaje florido, vaticina fortuna. Si lo rompemos, pérdida de dinero.

RAMAS.—Ver ramas verdes, anuncio de que por fin hallará el apoyo y ayuda que durante tanto tiempo andaba usted buscando. Si las ramas fueran secas, indicio de chismes y habladurías de sus compañeros de trabajo. Verlas en el suelo, planes frustrados.

RAMERA.—Cualquier mujer pública que se nos aparezca en sueños, es feliz augurio de honores y beneficios que habremos de recibir.

159

RAMILLETE.—Recibir un lindo ramillete en sueños, predice pequeñas satisfacciones. Si usted lo ofrece, falsa noticia.

RAMPA.—Una rampa rota, señal de desesperanza y desengaños. Si ésta fuera de las que hay en los teatros, aventuras amorosas intrascendentes.

RANA.—Oír el croar de las ranas, indica que debes desconfiar de personas que te rodean y te halagan, ya que pueden perjudicarte con sus envidias y habladurías. Si sueñas que las comes, símbolo de prosperidad.

RANCHO.—Si usted sueña con un rancho o hacienda que se halle en plena producción, tenga por cierto que su trabajo habrá de verse bien recompensado. Si esta propiedad estuviera descuidada e improductiva, se sentirá apenado y desfallecido.

RAPTO.—Soñar con que usted rapta a una persona o lo raptan a uno mismo, es señal de próximas proposiciones matrimoniales.

RAQUETA.—Ver una raqueta en sueños, augura contrariedades y disgustos, así como chismes sobre secretos de familia.

RASTRILLO.—Estar usando un rastrillo en sueños, indica prosperidad y triunfo en el trabajo y en los negocios.

RASURADORA.—Simplemente ver el utensilio que sirve para rasurarse, vaticina leves desazones en su vida actual.

RASURARSE.—Si uno mismo se ve en sueños afeitarse, es señal de paz y tranquilidad. Si es el peluquero quien le rasura, augura que si en la actualidad pasa por una mala situación, pronto habrán de resolverse favorablemente sus problemas. En el caso de que sea usted quien rasura a otro, anuncio de pérdida de dinero.

RATA.—El soñar con ratas o ratones, indica siempre traición. Cuídese de quienes le rodean: empleados o sirvientes, que tratan de perjudicarle. Y también de algún amigo de los que le agasajan lleva malas intenciones.

RAYO.—Ver en sueños un rayo en medio de la tempestad, indicio de desavenencias conyugales y advenimiento de enfermedades. Si le cae a usted, augurio de grave accidente.

R

REBAÑO.—Soñar con un rebaño, sin distinción de la clase de animales que lo forman, es señal de salud y satisfaciones, así como pequeña aventura amorosa.

RECAMARA.—Una recámara amplia y bien arreglada con el mayor gusto, significa alegría y vida apacible y serena. Pero si esa estancia fuera pequeña y de mal aspecto, tendrá problemas y contrariedades.

RECIBIR.—Si usted recibe un ramo de flores, simboliza una buena y firme amistad de la persona que se las envía. Si recibe la visita de algún desconocido, procure desconfiar de alguien extraño que pueda visitarle ofreciéndole lucrativos negocios.

RECIBO.—Si soñamos que nos presentan un recibo, señal de que en la vida real tendremos que pagar alguna deuda. Entregarlo uno mismo, alguna persona que nos debe dinero pronto habrá de reembolsárnoslo. Perder recibos, indica abandono y negligencia.

RECLUTA.—Si quien sueña se ve vestido con el uniforme de recluta, pronto volverá la paz entre marido y mujer así como con la persona con quien estamos prometidos.

RECOMPENSA.—Si es hombre quien sueña recibir una recompensa, recibirá un valioso obsequio. En caso de ser mujer, símbolo de grata satisfacción y contento, ya que su amor será correspondido.

RECONCILIACION.—Soñar que nos reconciliamos con un familiar o amigo, habremos de procurar ser pacientes en discusiones o disgustos que puedan sobrevenirnos.

RECORTAR.—Sintiéndose en sueños recortando papeles o telas, augura que sus deseos o esperanzas pronto habrán de realizarse.

RED.—Tejer una red, significa que, si actualmente no lo está, pronto se verá con líos de faldas de los que si usted no obra con cautela, podrán acarrearle muchos inconvenientes. Sea cauto y proceda con rectitud.

REDUCTO.—Si se sueña con un reducto, es señal de que los envidiosos y enemigos que nos amenazaban pronto habrán de caer eliminados.

REFRESCO.—Si usted en sueños está tomando un refresco, indica una notable mejoría y prosperidad en su trabajo o negocios.

REGADERA.—Soñar que está llena de agua, anuncio de bienestar y tranquilidad. Estando vacía, indica situaciones violentas y desagradables. Regar las flores con ella, amor firme; si riega verduras y hortalizas, desconfíe de alguna persona que le rodea.

REGALO.—Recibir u ofrecer un regalo, vaticina advenimiento de cosas o noticias buenas que alegrarán su corazón.

REGAÑO.—Si uno sueña que regaña a una persona o le regañan a usted, indicio de violencia o de rompimiento con un familiar o amigo al que se estima mucho, lo cual le causará gran dolor y pesadumbre.

REGAR.—Estar regando flores en un jardín o en la casa, augura dichas en el amor. En el caso de ser legumbres o verduras, procura guardarte de habladurías y chismorreos. Regar la calle, anuncia penas y contrariedades.

REGIMIENTO.—Ver desfilar un regimiento, recibirás noticias de un militar ausente.

REGISTRO.—Soñar que un registro se lleva con orden, es indicación de que las cosas de la casa van todas bien. Un registro desordenado, señala todo lo contrario.

REGOCIJO.—Si en sueños nos sentimos alegres y regocijados, vaticina penas y dolores.

REGRESO.—Regresar a nuestra casa junto a la familia, después de una larga ausencia, significa que pronto tendremos un agradable encuentro con una persona estimada.

REINO.—Soñar con un reino, es fracaso de esperanzas mal fundadas. Pero no debemos desanimarnos, ya que la constancia todo lo vence.

R

REIR.—Esto es presagio de lágrimas. Y si soñamos reír a carcajadas, augura graves penas y disgustos que no esperábamos.

REJAS.—Si uno mismo se halla detrás de unas rejas, anuncia próxima libertad, bien sea si está en una cárcel o en su vida real trata de librarse de una esclavitud de persona que no es de su agrado y de la cual desea emanciparse.

REJUVENECER.—Estando soñando y sentirse ser más joven de lo que es realmente, indica alegrías y satisfacciones.

RELAMPAGO.—Soñar con relámpagos, en general significa riñas y querellas, así como discordias en el seno de la familia.

RELEVO.—El soñar que uno mismo es relevado en un trabajo, indica que seremos objeto de atenciones por parte de amigos. Si somos nosotros quien relevamos a otra persona, habremos de tener confianza propia y nada deberá abatirnos.

RELIGIOSO.—Si en nuestro sueño se nos aparece un religioso, esto es, un fraile o una monja, esto nos vaticina que recibiremos ayuda y consuelo en nuestro dolor o necesidades.

RELIQUIA.—Este sueño nos avisa de que hemos de procurar cuidar nuestros bienes, so pena de caer en la miseria.

RELOJ.—Darle cuerda a un reloj, grata señal de próxima reconciliación con la esposa, novia o amigos. Recibir como regalo un reloj, indicio de penas y contrariedades. Si es usted quien lo regala, se evitará con ello un contratiempo.

RELOJERO.—Siendo usted el relojero en sueños, indica que debe procurar eliminar pequeños asuntos que le molestan y preocupan y que a la larga pueden perjudicarle.

REMAR.—Si estamos remando, sufriremos penas y angustias. Si vemos remar a otras personas, llegada de buenas noticias.

REMIENDO.—Llevar remiendo en el traje o ver a otro que los lleva, recibiremos un chasco que uno mismo se ha buscado.

REMO.—Soñar con remos, demuestra que hay gentes que tratan de perjudicarnos, por lo cual deberemos andar con tiento. Un remo roto, graves peligros se avecinan.

REMOLACHA.—Cultivarlas en sueños, protección de la fortuna.

RENCOR.—Si sueña tenerlo a alguien a quien detesta por haberle jugado una mala partida, tratad de disiparlo, ya que el ser rencoroso no conduce a nada bueno.

RENTA.—Dejar de cobrar una renta, augura aumento de fortuna. En cambio, si sueña que la cobra, habrá mengua en su dinero.

REPIQUE.—Oír en sueños un repique de campanas, demuestra que usted es persona muy vanidosa. Procure rectificarse.

REPOSO.—Soñar que uno mismo está plácidamente reposando, es indicio de acosos y persecuciones.

REPTIL.—Si se sueña con reptiles, deberá tener cuidado con falsos amigos que tratan de perjudicarle, menoscabando su honradez y dignidad. Soñar que lo matamos, tendremos éxito en nuestras ilusiones y empresas.

RESBALAR.—Si es usted quien resbala en el hielo o sobre un suelo mojado, no tardará en recibir una petición de dinero por parte de persona informal e irresponsable que no cumplirá con su deuda con usted.

RESFRIADO.—Soñar que se está resfriando, augurio de próxima injusticia o desvergüenza de algún amigo.

RESTOS.—Ver los restos de un difunto, vaticina una ganancia completamente inesperada.

RESUCITAR.—Si vemos un muerto que resucita, es indicio de malestares y perturbaciones en nuestra vida.

RETABLO.—Soñar con un retablo, augura que el viaje que usted tenía planeado no llegará a realizarse, aunque este fracaso, al parecer, le aportará muchas satisfacciones y alegrías.

RETAMA.—La retama, en sueños, significa que recibirás una noticia que, de momento, habrá de producirte gran contento, aunque más tarde te ocasionará sinsabores y disgustos.

RETO.—Si sueña usted que provoca un desafío, es cierta señal de que será objeto de infamias y maledicencias. Si, por lo contrario, alguna persona lo reta a usted, indica que quien lo haya hecho recibirá los agravios que trataba de hacerle.

RETOÑO.—Ser usted mismo o ver a un jardinero quien contempla los retoños de una planta o hacer trasplantes con ellos, anuncia prosperidad lenta pero continua en su actual estado.

RETRATO.—La persona que se sueña retratada, tendrá una larga y feliz vida. Soñar que se le ofrece un retrato de otra, augura desengaños y traiciones de amigos.

RETRETE.—Si en sueños ves un retrete, tendrás ciertos amores pasajeros de los que deberás procurar alejarte para no complicar tu existencia.

REUNION.—Estar invitado a una reunión, significa que usted goza del respeto y admiración de amigos y vecinos y, en general, de todos quienes le rodean.

REVOLUCION.—Ver una revolución en sueños, indicación cierta de que en la casa de uno mismo anda todo revuelto, por lo que habremos de serenarnos y rectificar nuestra conducta.

REVOLVER.—Si quien sueña es hombre y lleva un revólver, augurio de celos injustificados.

REY.—Soñar con un rey, significa que estamos rodeados de malas gentes que tratan de perjudicarnos con sus asechanzas. Ver un rey muerto es buena señal, ya que recibirás un alto cargo o una herencia inesperada.

RIACHUELO.—Siendo de agua clara el riachuelo, indica que lograrás un buen empleo el cual deberás aceptar, ya que puede llegar a ser la base de tu triunfo. Estando el agua sucia o turbia, te augura males ocasionados por tus enemigos.

RIBERA.—Ver la ribera de un río, hermosa y lozana, indica muy buenas perspectivas en tu porvenir. Si en tu sueño llegas a alcanzar la parte opuesta, señal de gratas satisfacciones y progreso en tu actual estado de vida. De no lograr alcanzarla, se presentarán desgraciadamente obstáculos en tu camino.

RICO.—Si llegas a soñar ser un hombre rico y poderoso, vaticina que se te presentará algún problema desagradable donde tú trabajas y que puede llegar a perjudicarte.

RIEL.—Este sueño es indicio de que puede presentársete una buena oportunidad de hacer un buen negocio y ganar mucho dinero. Pero piénsalo con cuidado antes de llevarlo a cabo.

RIFA.—Trate de rectificar su actual proceder, ya que su carencia de responsabilidad y competencia, puede acarrearle serios disgustos.

RIÑA.—Soñar que reñimos con la persona con quien estamos prometidos, presagia una próxima y buena boda. Verse como protagonista en una riña callejera, si es usted quien golpea, augurio de dificultades hogareñas o con personas allegadas. Si es uno el que recibe los golpes en la trifulca, indica que su modo de proceder deja mucho que desear. Procure rectificarse.

RIÑONES.—Símbolo de buena salud es soñarlos. Augura bienestar, satisfacciones con los hijos y tranquilidad hogareña.

RIO.—Ver un río o navegar por él, significa progreso y fortuna. Si lo vemos que se desborda, grave peligro nos amenaza.

RIQUEZA.—Poseer una gran riqueza en sueños, señala miseria y malestar en nuestra situación. En cambio, si usted sueña que pierde sus caudales, la llegada de dinero, bien por lotería o por herencia, encumbrará su situación.

RISA.—La risa en sueños sólo anuncia tristezas y pesares.

RIVAL.—Soñar con un rival nuestro, augura ciertos sinsabores y tal vez peligros. Desconfiemos de las personas que mucho nos adulan.

ROBAR.—Robar uno mismo en sueños, es indicio de problemas que habrán de presentársele y que pueden perjudicarle. Si sueña que a usted le roban, señal de mejoría en nuestra actual situación y estado financiero.

ROBLE.—Si el roble es corpulento y frondoso, anuncia felicidad y vida larga y tranquila. Un roble joven, es símbolo de poder y de alegría. Sin embargo, soñar que uno lo derriba, augura un mal cambio de suerte y de fortuna.

ROCA.—Escalar una roca, indicio de arduas dificultades para que uno llegue a alcanzar el deseado triunfo. Si soñamos bajarla, pérdida de seres que nos son muy queridos.

ROCIO.—Ver el rocío de la mañana refrescando las flores, el sueño viene a demostrar que nuestra actual situación mejorará más y más cada día, hasta el momento en que llegue una ayuda inesperada que le librará de su actual estado de necesidad e incertidumbre.

RODAR.—Si en sueños hace usted rodar un vehículo, un aro, una rueda, un barril, etc., nos anuncia una pronta consecución de ilusiones, deseos y esperanzas que durante tiempo hemos estado soñando en la vida real.

RODILLAS.—Sufrir en sueños dolor de rodillas, presagia un inesperado disgusto o contrariedad. Andar de rodillas, cumpliendo una manda, no es tampoco sueño grato, ya que esto nos aportará muchos sinsabores. Estar de rodillas, ¡sólo ante Dios!

ROMERIA.—Ir de romería en una peregrinación, demuestra claramente que está viviendo usted momentos de arduas preocupaciones y necesidad. Pero tenga en cuenta que este acto de ir de romería, llevado por su religiosidad y fe, llegará a tener un buen premio.

ROMERO.—Sentir en sueños la delicada flor del romero, augura delicias y satisfacciones sin fin. Recolectar sus olorosas florecillas, las personas que nos rodean habrán de admirarnos y respetarnos, recibiendo de todos las mayores atenciones.

ROMPER.—Si en sueños rompemos un vaso, es señal que disfrutaremos de buena salud. Si rompemos un plato, es señal que disfrutaremos de riqueza. Si rompemos una cuerda, significa que se suscitarán disputas en nuestro hogar. Romper una rama, es anuncio de peligro para uno mismo o alguno de sus familiares.

ROPA.—Ropa limpia, augurio de que usted es persona responsable y de buen sentido. Sucia, señal de deshonor. Si se trata de ropa íntima, significa riqueza.

ROSA.—Soñar con rosas, indicio de paz y tranquilidad. Si es mujer quien las sueña, anuncio de próximo enlace para la soltera y feliz llegada de un hijo para la casada. Si otra persona se las ofrece, triunfo en sociedad. Sólo las rosas marchitas pueden acarrearnos contrariedades.

ROSARIO.—Ver en sueños un rosario, señal de próximas ganancias en el negocio. Siendo mujer quien sueña con un rosario, aviso de traiciones.

ROSCA.—Si la rosca es de Reyes, pronto recibirá un valioso e inesperado regalo.

ROSTRO.—Un rostro joven y hermoso, es anuncio de favores. En el caso de ser feo y ajado, señala fastidio y contrariedades.

ROTURA.—Romper cualquier objeto impensadamente, indica grandes penas y disgustos. Si el que lo rompe lo hace con toda su intención, llevado por la violencia, significa que es uno mismo quien se está buscando los sinsabores y problemas que ahora le están preocupando.

ROTURAR.—Si usted sueña que está roturando un terreno, indica que cierto proyecto o negocio que desea emprender, será un fracaso si no toma las debidas precauciones para llevarlo a cabo.

RUBIES.—Soñar con rubíies, es anuncio cierto de alguna aventura amorosa que puede llegar a perjudicarle en salud y dinero.

RUBIO.—Ver a una persona rubia en sueños, es indicio de que los problemas y necesidades que en la actualidad le agobian, pronto habrán de terminarse, llevando a su corazón paz, felicidad y descanso.

RUECA.—La rueca en sueños, es señal de necesidades y pobreza, máxime si uno mismo está hilando con ella.

RUEDA.—Si la ve rodando, augurio de que nuestras ilusiones o deseos pronto habrán de realizarse. Una rueda rota significa pérdida de dinero. Tratándose de la **Rueda de la Fortuna**, peligro inminente. No obstante, si sueña con ella, arriésguese a comprar un billete de la lotería el cual puede traerle beneficios.

RUEDO.—Soñar con un ruedo, supongamos el de una plaza de toros, vaticina inconstancia en amores y trabajos.

RUGIDO.—Escuchar rugir a un animal, indica que deberá cuidarse de alguien que se dice su amigo y trata de perjudicarle. Si es uno mismo quien ruge, tendrá poder para vencer a sus enemigos.

RUIDO.—Percibir ruidos, es señal de **alegría** y contento. Si es usted quien los produce, intrigas por culpa de familiares o amigos.

RUINAS.—Contemplar unas ruinas, indica que debe procurar rectificar su vida para que acaben los problemas sentimentales de familia que sufre actualmente, de lo contrario perdurarán las mortificaciones que le afligen.

RUISEÑOR.—Si en sueños usted escucha el armonioso canto del ruiseñor, es presagio de bienestar y amorosos goces.

RULETA.—Este es un aviso de que no se debe confiar en el juego ni en la lotería, ya que si persistimos en ello perderemos nuestro caudal. Primero es su familia.

RUPTURA.—Soñar que nos enojamos o peleamos con alguien, significa que pronto recobraremos la amistad de una persona con la que rompimos nuestra relación desde hace tiempo.

RUSO.—Si en sueños vemos un personaje que dice ser ruso o que va vestido con el traje típico de ese país, viene a demostrarnos que nos ciega el egoísmo, el cual nos impide prosperar en nuestro trabajo o negocio.

RUTA.—Trazar una ruta para efectuar un viaje o vernos en sueños caminando por una carretera, senda o camino, augurio de éxitos, aunque éstos habrán de costarnos trabajos antes de conseguirlos.

LA FUERZA

ARCANO MAYOR No. 11

S

ABADO.—Soñar con el día sábado, significa que lo soñado
habrá de realizarse al siguiente día pero, por fortuna y exclusivamente, todas las cosas buenas y felices que hayan aparecido
en su sueño.

BANA.—Una sábana limpia, indicio de importantes ganancias.
Si es blanca, próximo matrimonio, de usted o de un familiar.
Estando sucia, augurio de enfermedad. Soñar que estamos cam-
iando las sábanas de la cama, próxima y grata visita.

BIO.—Si uno mismo sueña que es un sabio, es invitación de que
ebemos mejorar nuestros estudios e ilustración. Estar platicando
on una persona culta e inteligente, vaticina que recibirás un
uerte desengaño de persona querida.

BLE.—En todo momento o cualquier situación en que nos ha-
emos, soñar con un sable es señal de disputas, querellas y trai-
ones.

ACORCHOS.—Verlo o usarlo, tiene el significado de que tal
z llegues a ser rico jugando a la lotería.

ERDOTE.—Si sueña con un sacerdote, augura enfermedades.
ficiando en el incruento sacrificio de la misa, es señal de pró-
ma muerte.

O.—Tratándose de la prenda de vestir(americana) que se
noce como "saco", si éste le cayera ancho, deberá procurar

171

cuidarse de que no le roben. Si fuera estrecho, líbrese de pe
sonas envidiosas. Un saco llamativo por su confección o colore
es anuncio de malas noticias. Saco negro, luto en la familia.

SACRILEGIO.—Cometerlo, anuncio de que debe ser desconfiado

SACRISTAN.—Si usted sueña con un sacristán, sufrirá una pé
dida que habrá de afectarle mucho, además de las molestias
tener que justificarse ante la persona que le pida cuentas.

SACRISTIA.—Hallarse en una sacristía, indicio de que puede pr
sentársele una situación algo comprometida. También indi
peligro y contrariedades con una mujer joven.

SAL.—Verla en un salero, signo de buenos presagios. Tomarla, p
y tranquilidad. Derramarla, desavenencias y disgustos.

SALAMANDRA.—Hay gentes que le rodean dispuestas a ayuda
con la mayor abnegación.

SALCHICHON.—Ver o comer un trozo de salchichón, es señal q
se verá metido en un lío judicial o grave escándalo. Si qui
lo sueña es mujer, anuncio de separación amorosa.

SALIVA.—Soñar que la saliva aparece en la, comisura de sus
bios, indica precaria situación en su vida. Si es uno mis
quien escupe a otra persona, señala este feo acto descrédito pa
usted, por lo que adquirirá mala fama entre la gente que
rodea.

SALMON.—Comer salmón en sueños, augura enfermedad, aun
no grave ni de consecuencias.

SALON.—Un salón magníficamente decorado, lleno de luce
amueblado con el mayor gusto, vaticina contento y alegría.
el caso de que el salón apareciera abandonado y sin ador
indica dificultades en su trabajo o negocio.

SALPICADURAS.—Si al pasar un carruaje sobre un charco
sultara usted salpicado, es aviso de que uno debe comporta
con la mayor corrección con los amigos, trabajos y acciones
deba llevar a cabo.

ALSA.—Sueño que indica enfermedad larga y penosa.

ALTAMONTES.—Ver una manga o invasión de saltamontes, augura pérdidas, contrariedades y enfermedad para una persona a usted allegada.

ALTEADOR.—Soñar que usted es víctima de un asalto, señal de pérdida de algún pariente o amigo querido.

ALTO.—La persona que sueña que está saltando, procurará tratar de librarse de injustas persecuciones.

ALUD.—Gozar de buena salud en sueños, es anuncio de malas noticias de algún familiar que se halla gravemente enfermo.

ALUDO.—Si en sueños es usted quien saluda a una persona o ésta le saluda a usted, indica que sufrirá cierta contrariedad que, aunque leve, habrá de sentirla y afectarle.

ANATORIO.—Hallarse internado en un sanatorio, vaticina que en su hogar pasarán angustiosos momentos de depresión económica y contrariedades en el trabajo o negocio. Procure cuidar sus intereses.

ANDALIAS.—Soñar ver o llevar unas sandalias nuevas, indicio de que hay una persona dispuesta a facilitarle una ayuda que usted puede necesitar. En el caso de que éstas sean ya muy viejas y usadas, su actual situación no mejorará en lo más mínimo.

ANDIA.—Ver un montón de sandías, vaticina penas y lágrimas. Sin embargo, comer una rebanada de esta fruta, manifiesta la próxima llegada de una noticia que le llenará de alegría

ANGRAR.—Si en sueños se ve sangrar a una persona, indica que usted sabrá un secreto de ella que será causa de oprobio y de gran verguenza.

ANGRE.—Soñar con sangre propia, es feliz augurio de que pronto habrán de realizarse sus anhelos. Si la ve brotar en gran cantidad, es señal de fortuna inesperada, siempre que ésta sea roja, ya que de aparecer obscura, anuncia una grave enfermedad para usted o algún familiar.

SANGRIA.—Si en sueños ve hacer una sangría, augura la próxim muerte de un buen amigo, así como pérdida de trabajo o d dinero para la persona que sueña.

SANGUIJUELA.—El sueño con este animal chupándole a uno mi mo la sangre, advierte que es usted una persona avara y usurer y debe rectificar tal condición en bien de uno mismo y de s semejantes.

SANTO.- -Soñar con un santo, es feliz augurio de que todas s personas queridas disfrutarán de una feliz y apacible era de p y de prosperidades. Si durante el sueño conversara con él, el go y beneficios que reciba habrán de acercarle más a la perfeccic de su vida.

SAPO.—Ver en sueños sapos, es señal de violencias, contrariedad y malos negocios.

SARAMPION.—Padecer esta enfermedad en sueños, es símbolo mal presagio. Ver a otra persona atacada de sarampión, tambi significa penas y sufrimientos.

SARDINA.—Si la persona que sueña es casada, las sardinas in can que, con el marido o la mujer, se desarrollarán escenas celos, aunque éstos sean injustificados. En el caso de ser u mismo quien las pesca, anuncio de una desagradable noticia.

SARMIENTO.—Soñar con sarmientos ardiendo, señala alegría éxito en el trabajo y en los negocios.

SARNA.—Verse uno mismo en sueños con sarna, significa que h una persona de mayor edad que usted y opuesta a su sexo, quien interesa con fines matrimoniales. Y es rica.

SARTEN.—Señal de reconciliación con una persona a quien es mamos. Si la persona que sueña este utensilio culinario es casa debe procurar rectificar su manera de proceder con precauci para evitarse graves dificultades con su consorte.

SASTRE.—Acudir a un sastre para que le confeccione un tra indica que su trabajo o negocio habrá de mejorar notablement

SATELITE.—Soñar con nuestro satélite, o sea la Luna, viéndola en sueños brillar en su plenilunio, le augura una segura afirmación en su trabajo o negocios. Una mujer casada, recibirá gratas sorpresas. Una joven soltera, no tardará en encontrar al hombre de sus ensueños amorosos. Si hallándose dispuesto a emprender un viaje ve nuestro satélite empeñado u oculto por las nubes, desista de efectuarlo y no tendrá por qué arrepentirse.

SATIRO.—Si se sueña con una persona conocida que se nos presenta como un sátiro, procuremos apartarnos de ella, desoyendo los consejos que pueda darnos.

SAUCE.—Este sueño augura una vejez apacible y tranquila.

SEBO.—Soñar con sebo y mejor tocarlo, significa que pronto recibirás una ayuda inesperada que mejorará tu actual situación. No debes perder nunca la confianza en tu trabajo y proyectos.

SECRETO.—Si en sueños aparece una persona que se acerca a ti para confiarte un secreto, indica advenimiento de penas y desgracias.

SED.—Si sueña que tiene sed, indica que es usted persona ambiciosa, no en el deseo de apetecer riquezas ajenas, sino con ansia de prosperar en su trabajo. Si su sed no pudiera mitigarla por no encontrar agua para beber, es anuncio de pesares y desgracias. Poder satisfacerla, adquisición de bienes.

SEDA.—Soñar con vestidos u otros artículos confeccionados con seda, significa opulencia, riqueza y fortuna.

SEDUCCION.—Si usted es quien trata de seducir a alguien o cualquier persona intenta seducirle, recibirá noticias de que un buen amigo suyo acaba de sufrir un accidente.

SEGAR.—Ver segar, indica que pronto iniciaremos una labor que nos habrá de resultar muy beneficiosa.

SEGUROS.—Si sueña usted que está asegurado, desconfíe de las inversiones que ha hecho y no están tan seguras como suponía. Sin embargo, si no está asegurado, conviene que lo haga lo más pronto posible.

SELLO.—Siendo el sello de cera o de lacre, significa secreto, el cual habremos de guardar con la mayor reserva. Sellar una carta o pliego, seguro triunfo contra nuestros enemigos.

SEMBRADO.—Augurio de salud, riquezas y éxitos, siendo mucho mejor si el sembrado es de granos que de legumbres.

SEMBRAR.—Soñar que uno mismo está sembrando un campo, es señal de paz y de prosperidad en su vida. Aumento de familia.

SEMILLA.—Significan las semillas en sueños que sus relaciones con la persona con que está prometida irán por buen camino y será feliz. Si está usted casado, augura próximo y feliz viaje con su consorte.

SEMINARIO.—Anuncio de falsedades y traiciones provenientes de familiares o amigos íntimos.

SENOS.—Soñar con senos femeninos, significa próximo casamiento para el soltero que los sueñe. Siendo éstos grandes, señal de éxitos y beneficios, así como prosperidad en el hogar. Si la mujer que los sueña es casada, feliz alumbramiento. Un hombre con senos femeninos, símbolo de afeminamiento.

SENTENCIA.—Procuremos no ser curiosos ni meternos donde no nos llamen, de lo contrario adquiriremos costumbres y vicios que habrán de perjudicarnos.

SEÑALAR.—Si en sueños usted señala a alguna persona, significa que su modo de proceder no es muy correcto, por lo cual habrá de corregirse en su manera de ser y obrar, refrenando sus impulsos, ya que, de lo contrario, sólo obtendrá pérdidas y contrariedades.

SEPARACION.—Si soñamos que nos separamos de nuestro cónyuge (esposo o esposa) será señal de dificultades y fracasos nuestro trabajo o negocio.

SEPULCRO.—Quien en sueños visita un sepulcro, augurio de accidente. Ver una persona amiga o conocida ante él, señal de que necesita de nosotros y debemos acudir en su ayuda.

SEQUIA.—Soñar con un lugar o terreno seco, anuncia que una persona en quien tenemos depositada nuestra confianza divulgará algún secreto nuestro que podrá causarnos graves inconvenientes y perjuicios.

SERENATA.—Formar parte de un grupo de personas que están dando una serenata, vaticina terribles celos con uno de los seres amados que nos rodean.

SERENO.—Mal augurio es soñar con un sereno, ya que nos hace saber que el viaje que teníamos proyectado no llegará a realizarse.

SERPENTINA.—Soñar con serpentinas que lanzamos en una fiesta religiosa o de carnaval, o bien al paso de un personaje, significa que la alegría y jolgorio que se demuestra en este acto, perdurará por mucho tiempo en nuestra vida.

SERPIENTE.—Si este asqueroso animal se nos enrosca en el cuerpo, nos veremos recluidos en una cárcel o en la cama por motivo de enfermedad. Matarla, indica triunfo sobre nuestros enemigos.

SERRALLO.—Aparecer en sueños un serrallo, demuestra que eres persona débil de temperamento y debes procurar no dejarte influir por alguna persona que trata de dominarte.

SERRUCHO.—Procure apartar de su mente esa idea fija que tanto le preocupa y trastorna su cerebro, ya que la solución de la misma vendrá por sí sola y felizmente terminarán los malos momentos pasados, llevando paz y tranquilidad a su espíritu.

SESOS.—Soñar con sesos, augurio de fracasos y próxima enfermedad.

SETAS.—Las setas en su estado natural, esto es, sin preparación culinaria alguna, indican obstáculos en nuestra vida. Guisadas y dispuestas para comerse, próxima liberación de los problemas en que nos hallamos metidos.

SETO.—Ver un seto, significa pequeños obstáculos que habrán de presentársenos y de los cuales saldremos airosos.

SEXO.—Si se sueña con el órgano sexual masculino, demostración de poder y de éxito. Si es femenino, feliz concepción en el caso de esperar un hijo.

SIDRA.—Soñar con botellas de sidra o que la tomamos en una fiesta, vaticina que grandes satisfacciones se nos avecinan.

SIEMBRA.—La persona que sueña ser sembrador, tendrá ganancias en su negocio y ascenso en su trabajo.

SIERRA.—Tratándose del utensilio para aserrar, significa prosperidad en su negocio. Hallarse en una sierra (o cadena de montañas) augura defunción de familiar o amigo.

SIETE.—Soñar con el número "7", simboliza bienestar y llegada de agradables noticias.

SILBAR.—El silbar en sueños, indica chismes y habladurías.

SILBIDO.—Oír un silbido, demostración de que alguien trata de desprestigiarnos atentando contra nuestro honor. Si es de una locomotora, próximo viaje. Silbidos de pájaros, gratos placeres y satisfacciones.

SILLA.—Hallarse sentado en una silla, señal de distinción. Ver varias, descanso y tranquilidad.

SILLON.—Reposar en él, anuncio de un magnífico y jugoso empleo. Si la persona que lo sueña es de avanzada edad, indica paz y tranquilidad, aunque deberá abstenerse de sus vicios.

SIRENA.—Soñar con una sirena, es demostración de poder sexual. Oír su canto, señala que debe cuidarse de una mujer que trata de atraparlo con fines no muy honestos.

SIRVIENTA.—Una sirvienta o persona que le sirva a usted, augura contrariedades y privaciones.

SOBRESCRITO.—Si se sueña con un sobrescrito (sobre), la persona que se vea favorecida con este sueño, pronto recibirá honores, alegrías y felicidades sin cuento.

SOBRINO.—Soñar con sobrinos buenos a quienes se les quiere, es señal de nobles sentimientos. Si en sueños usted los odia, tendrá una vejez amargada. En el caso de que se sufra por ellos, habremos de tener cariño y comprensión para seres tan queridos.

SOFA.—Si quien sueña con un sofá tiene hijos, procurará que no llegue a tener que avergonzarse por el mal comportamiento de alguno de ellos.

SOGA.—Ver una soga en sueños, indicio de larga y penosa enfermedad.

SOL.—Soñar con el astro rey, es símbolo de honores y riquezas, así como de gratas satisfacciones: el enfermo recobrará su salud y el preso alcanzará su ansiada libertad. Si es mujer la que sueña con un Sol radiante y espera un hijo, éste será varón de provecho el día de mañana, alegre, trabajador y lleno de salud. Ver un Sol rojizo, señal de contrariedades. Medio cubierto por las nubes, luchas y trabajos.

SOLDADO.—Soñar uno mismo que es soldado, anuncio de sinsabores. Verlo, engaños de amigos. Soldados desfilando en una parada, nuestros deseos habrán de realizarse. Triunfadores en un combate, éxitos en el trabajo o negocios. Derrotados, símbolo de mal augurio.

SOLEDAD.—Si en sueños nos vemos solos y abandonados, significa que nos veremos metidos en líos y chismes que nos darán males de cabeza.

SOLTERO.—Una persona casada que sueñe estar soltera, indica que habrá de proceder con tiento al escoger nuevas amistades que puedan presentársele.

SOMBRA.—Hallarse bajo la sombra de un árbol, es señal de que pronto mejorará nuestra actual situación y volverán a reverdecer en nuestro espíritu las ilusiones perdidas.

SOMBRERO.—Ver o poseer un sombrero nuevo, augurio de alegría y de fortuna. Si está muy usado, señal de desgracia moral o física que le causará graves tribulaciones.

SOMBRILLA.—Soñar con una sombrilla, vaticina que inesperadamente recibirá valiosa protección por parte de una persona con la que no contaba.

SONAMBULO.—Si en sueños es usted el sonámbulo, significa que tiene enemigos que tratan de perjudicarle, lo cual le causa fuerte alteración nerviosa; pero si usted actúa con decisión y firmeza, no tardará en derrotarlos.

SOPA.—Comer sopa en sueños, indicio de que si ha perdido su salud o caudal, volverá a recuperarlos. Pero si es que le cae la sopa, sus esperanzas se verán frustradas.

SORDO.—Si usted sueña estar sordo, es señal de que está pisando terreno en falso aconsejado por malos amigos y debe tratar de rectificar su actual conducta. Soñar con una persona sorda a quien usted conoce, habrá de procurar aconsejarle respecto a su injusto o vicioso proceder, guiándole hacia el camino del bien y de la rectitud.

SORTIJA.—El soñar sortijas indica siempre superioridad y poder. Si uno mismo la recibe como obsequio, señala bienestar y dicha. Regalarla a otra persona, significa que pronto tendrá que prestar ayuda a un familiar o amigo.

SORTILEGIO.—Si alguien en sueños le hace objeto de un sortilegio o maleficio, vaticina falsedades, engaños y humillaciones. Vaya con tiento con las personas que le rodean.

SOTANA.—Desconfía de alguien que asegura ser un buen amigo tuyo y que está trazando sus planes para perjudicarte.

SOTANO.—Soñar hallarse en el sótano de una casa, es indicio de que una mala situación le aleja de la felicidad que en el presente está usted disfrutando. Procure ser comedido y responsable de sus actos.

SUBIR.—Subir en sueños una escalera o ascender una montaña, tenga por seguro que un cambio de fortuna no tardará en mejorar su situación. Sus ilusiones y proyectos se llevarán a cabo y hasta su salud aumentará, en el caso de hallarse enfermo.

SUBTERRANEO.—Hallarse en un lugar subterráneo y por desgracia no encontrar la salida para llegar a la superficie, indicio de que pasará por una crítica situación o sufrirá un susto terrible. Tome precauciones si viaja por el mar.

SUCIEDAD.—Si en sueños se encuentra usted en un lugar lleno de suciedad o ve su ropa o su casa desaseada, vaticina que debe guardarse de cometer un error cuyos resultados serían perjudiciales, tanto para su prestigio, salud y posición. Haga las cosas con tino y procure evitar tales augurios.

SUDARIO.—Mal augurio es soñar con un sudario, ya que pronostica la muerte de un familiar o de un buen amigo.

SUDOR.—Verse uno mismo cubierto de sudor, es señal de que sufrirá una inesperada enfermedad en la que el termómetro alcanzará altos grados de temperatura.

SUEGRO.—Es mala señal soñar con un suegro, ya que algún amigo le conminará a que cumpla inminentemente con sus compromisos amenazándole con intervención judicial. Sin embargo, si sueña con la suegra, recibirá buenos consejos de una persona que le estima y podrá ayudarle.

SUELDO.—Recibir su sueldo en sueños, es anuncio de éxito en el estudio, en el trabajo o en negocio.

SUEÑO.—Soñar que está usted dormido, indicio de que se hallará envuelto en un trance desagradable. Pero si estuviera durmiendo con su esposa, recibirá gratas noticias de un familiar o amigo.

SUERTE.—Considerarse en sueños como una persona a quien le sonríe la suerte, esto es, que goza de salud, es feliz, tiene mucho dinero y todo en la vida le sale bien, significa que una próxima

desgracia vendrá a ensombrecer su situación real, por lo cua
debe prepararse para poder hacer frente a la situación.

SUETER.—Verlo o llevarlo, augurio de dolores y penas.

SUICIDIO.—Soñar que uno mismo se suicida, es anuncio de des
gracias y contrariedades.

SUPLICIO.—Si uno sueña asistir al suplicio de una persona o se
víctima en él, el éxito y la suerte no tardarán en acompañarle.

SURCO.—Ver en sueños un surco abierto, indica que sus asunto
irán cada día por mejor camino, aunque habrá de tener pacienci
y perseverancia para llegar a conseguir su ansiado bienestar.

SURTIDOR.—Este sueño augura amores sinceros y nobles. Llegar
a no tardar una feliz era de paz y de tranquilidad en su espíritu

SUSPIROS.—Suspirar en sueños, es demostración de que usted pre
fiere dar mayor preferencia a las cosas pequeñas que a las d
mayor importancia que pueden beneficiarle. Oír a otra person
suspirar, algún familiar o amigo no tardará en acudir a uste
para confiarle sus penas.

T

TABACO.—Soñar que uno está fumando, significa que triunfará en la vida, en los negocios y en los estudios. Contemplar las volutas del tabaco, indicio de placeres sensuales que no habrán de conducirle a nada bueno.

TABAQUERIA.—Ser dueño de una tabaquería, es clara señal de éxito en sus empresas.

TABERNA.—Hallarse en una taberna, indica que pasará unos días de preocupación y de tristeza debido a problemas familiares o de trabajo, o tal vez a causa de malestares físicos. Si se halla en ella bebiendo en compañía de amigos, es anuncio de penas morales.

TABLA.—Llevar en sueños una tabla cargada, vaticina desfallecimiento y penurias.

TABURETE.—Si usted se halla sentado en un taburete, es indicio de prosperidad y satisfacciones.

TACO.—Comer un taco en sueños, anuncio de penas que por fortuna habrán de ser pasajeras.

TALADRO.—Si usted tiene algún caso o asunto pendiente que resolver, pronto recibirá una solución favorable.

TALLER.—Soñar con un taller donde la gente trabaja, indica que tus deseos no tardarán en cumplirse. En cambio, si el taller con el que sueñas estuviera desierto por no ser horas laborables, debes procurar comportarte bien en tu trabajo para evitar que te despidan del mismo.

TAMBOR.—Ver tambores en un desfile militar o deportivo, augura que te invitarán a una fiesta en la que conocerás una persona que habrá de ser mucho de tu agrado, aunque tal vez no llegues a ser correspondido por ella. Si es uno mismo quien lo toca, nos veremos metidos en chismes y murmuraciones.

TAPA.—Soñar con tapas o tapaderas de utensilios de cocina o de cajas, significa que debes procurar mantenerte al margen de algunas amistades que no te convienen.

TAPIA.—Saltarla, demuestra que tus convicciones son firmes y no debes desmayar en ellas hasta conseguir lo que deseas.

TAPICERIA.—Si en sueños ves tapizar muebles, procura andar con cuidado para evitar que algún llamado amigo tuyo abuse de tu confianza.

TAPIZ.—Si sueñas con hermosos tapices, demuestra que eres persona amante del arte y esto te traerá muchas satisfacciones.

TAPON.—Es aviso de que tengas cuidado con instrumentos cortantes o punzantes que pueden ser motivo de desgracia.

TARTAMUDO.—Este sueño augura rápida solución de los asuntos que ahora te agobian.

TAZA.—Soñar con una taza fina o de porcelana, señal de paz y tranquilidad. Vacía indica precaria situación. Estando entre amigos que toman café en taza, significa inesperadas preocupaciones que no tardarán en sobrevenirle.

TE.—Tomar té en sueños, significa que recibirás pasajeras contrariedades.

TEA.—Te comunicarán una noticia desagradable, cuyo resultado pronto habrás de saber.

184

T

TEATRO.—Entrar en un teatro, vaticina prosperidad y éxito. Salir de él, desengaños. Verse actuando en escena, augurio de buenas noticias. Entre bastidores, próximas confidencias.

TECHO.—Ver un techo, augurio de bienestar y éxitos. Si lo vemos desplomarse, una persona nos propondá un negocio del que saldremos triunfantes.

TECLA.—Soñar con las teclas de un piano, significa próximas riquezas. Tratándose de teclas de una máquina de escribir, mejoramiento en nuestra actual situación.

TEJADO.—Si por tu necesidad piensas recurrir a solicitar un préstamo para remediarla, guárdate de hacerlo y busca el apoyo de algún familiar o amigo que te ayude en tu precaria situación, sin tener que hacerlo con prestamista alguno.

TEJEDOR.—Desconfía de un amigo que mucho te agasaja y sólo trata de perjudicarte.

TEJIDO.—Ver o elaborar tejidos, indica que pronto sabrás de chismes y habladurías de personas muy conocidas a quienes considerabas como gente honrada y competente en sus actos.

TELA.—Comprar o vender telas, augurio de que tu situación financiera mejorará rápida e inesperadamente. Felicidad en tu vida y grandes prosperidades.

TELAR.—Soñar con un telar, es indicio de bienestar y salud por muy largo tiempo.

TELARAÑA.—Los proyectos que tenías pensados para mejorar tu actual estado, deberás abandonarlos por el momento. Acepta los consejos y sugerencias que recibas de un amigo.

TELEFONO.—Si sueñas que te instalan un teléfono en tu casa, tus asuntos marcharán por buen camino. Si al tratar de comunicarnos con alguien no nos contesta el teléfono, guardémonos de ser víctimas de una estafa.

TELEGRAMA.—Recibir un telegrama, anuncio de que debes p
ceder con cautela al proyectar o hacer las cosas que mere
estudiarse con detenimiento antes de llevarlas a cabo.

TELON.—Soñar con el telón de un teatro, indicio de que de
hablar y portarte con franqueza con respecto a los asuntos
trabajo o negocio, con lo cual saldrás ganando.

TEMBLOR.—Tratándose de que la tierra tiembla, es anuncio
riquezas y larga vida. Si se tratara de temblor por miedo o
iermedad, debes procurar cuidarte, evitando alguna contra
dad o dolencia que pudiera sobrevenirte.

TEMPESTAD.—Soñar hallarse en medio de una terrible tempes
augura un inminente peligro del cual saldrás, aunque con g
des trabajos.

TEMPLO.—Si en sueños estás orando en un templo, recibirás
jurias y desengaños. Entrar en él, significa que no tardará
lograr tus esperanzas, siempre que tu comportamiento se
digno de merecer tal premio.

TENAZAS.—Verlas o tenerlas en la mano, indicio de que
víctima de amenazas y persecuciones. Procura restringir tu
tuales gastos, mirando siempre para el día de mañana en
puedas necesitar el dinero que ahora dilapidas.

TENEDOR.—Si sueñas con tenedores, pronto recibirá un in
que le ayudará a liberarse de algunas pequeñas deudas que
con lo cual asentará su tranquilidad. Por otra parte, deberá
dar su diario aseo para evitar que su pelo o piel sean ata
por molestos parásitos.

TENIENTE.—Anuncio de próximo viaje que resultará benef
y fructífero para usted. No obstante tenga ciudado con cl
rreos que pueden perjudicarlo.

TERCIOPELO.—Soñar con telas o listones de terciopelo, indi
una era feliz y tranquila.

TERMOMETRO.—Aplicarse en sueños un termómetro para comprobar la temperatura de su cuerpo, augura próxima enfermedad.

TERNERA.—Ver en sueños una o má terneras, es aviso de que recibirá un cruel desengaño de una persona a la que mucho estimaba.

TERRAPLEN.—Soñar con un terraplén, indica que no es usted muy afecto al trabajo ni a cumplir con sus compromisos, lo cual puede alterar y perjudicar el camino de su vida.

TERRAZA.—Hallarse en una terraza contemplando el paisaje, denota su carácter vanidoso y habrá de procurar rectificarse si desea prosperar y triunfar como podría hacerlo si en ello se empeñase.

TERREMOTO.—Infausto sueño que le avisa de quiebra en su negocio o desastre moral en su hogar. En caso de que el terremoto llegara a destruir casas por su violencia, vaticina la muerte de una persona querida.

TERRENO.—Comprar en sueños algún terreno, significa que habrá grandes mejoras en su actual situación.

TESORO.—Si sueña que se encuentra con un tesoro, es indicio de próximo y ventajoso matrimonio. Si la persona que soñare con él fuera casada, aumento de caudal en su actual estado.

TESTAMENTO.—Soñar que uno mismo hace su testamento, señal de feliz y larga vida. Si es otra personas quien lo hace, augurio de muerte inminente.

TEZ.—Ver su propio rostro notablemente pálido, le avisa de que debe cuidar su salud, so pena de contraer una peligrosa enfermedad. Si la tez es fresca y sonrosada, anuncio de salud y larga vida.

TIBURON.—Si se sueña con un tiburón, deberá procurar guardarse de una persona que le odia tratando de perjudicarle en su trabajo. Pero en el caso de ver el tiburón muerto, será ese enemigo quien sufrirá el merecido castigo a su maldad.

TIEMPO.—El buen tiempo en sueños, señal de bienestar y tranquilidad. Si el tiempo fuera malo, todo lo contrario.

TIENDA.—Soñar con una tienda abarrotada de mercancías, indicio de ganancias en los negocios y mejoramiento en su trabajo. Si se tratara de una tienda de campaña, augurio de una emocionante aventura.

TIERRA.—Una tierra fértil, significa felicidad en el matrimonio. Si la tierra fuera estéril y desértica, vaticina celos injustificados entre los esposos.

TIGRE.—Es de mal augurio soñar con un tigre, ya que nos avisa de que un enemigo poderoso, a quien hacía tiempo que no veía, reaparecerá en su vida tratando de desprestigiarle por doquier haciendo mofa de su honor y prestigio.

TIJERAS.—Soñar con tijeras, anuncio de discordias entre amantes y desavenencias entre casados. Sinsabores y fracasos en los negocios. Si usted está cortando con ellas, señal de chismes y habladurías que pueden desprestigiarle.

TIMBAL.—Si en sueños se le aparece un timbal, significa que usted persona con poca responsabilidad que anda importunando a los amigos en continuas peticiones y favores. Trate de conformarse con lo que tiene y buscar su mejoramiento a base de propio impulso y trabajo.

TIMON.—Ver o manejar el timón de una embarcación, señala que si eres constante en tu trabajo, llegarás a alcanzar el bienestar la prosperidad que apeteces para ti y los tuyos.

TINIEBLAS.—Hallarse entre tinieblas, significa que tus asuntos mejorarán notablemente, siempre que pongas en tu trabajo dedicación que éstos requieren. De todos modos, procura, velar por tu salud.

TINTA.—Soñar con tinta, generalmente augura buenas noticias siempre que ésta no se vierta o derrame, ya que en este caso anuncia discordias. La tinta negra, anuncio de próxima llegada de un familiar o amigo que estimamos. La roja, indica que no tra conducta puede ser objeto de un mal entendido. Verde, símbolo de esperanza.

TINTORERIA.—Si en sueños manda usted su trajes o vestidos a la tintorería para que los limpien o tiñan, significa que debe portarse con más responsabilidad en su manera de actuar y proceder con sus amistades, algunas de las cuales le consideran como persona vanidosa e inconsecuente

TIÑA.—Verse atacado por esta repugnante infección, es aviso de que debe desconfiar de falsos amigos que le adulan. Procure separarse lo más posible de esta clase de gentes.

TIO.—Soñar con un tío suyo, indica que está usted enamorado de una persona que no le corresponde, respresentando esto símbolo de fracasos sentimentales. Soñar con una tía, es anuncio de rencillas familiares en las que desgraciadamente intervendrá usted.

TIRABUZON.—Si en sueños ve un hermoso peinado con tirabuzón, le avisa que debe proceder con la mayor cordura en una próxima fiesta a la que será invitado, procurando no abusar de vinos y licores que pueden ofrecérsele, ya que tal vez, de resultas de esto, llegaría a dar un espectáculo desagradable en desdoro de su buena reputación.

TIRANTES.—Este sueño seguramente indica que acabas de salir airoso de tus problemas o enfermedad. Mantente firme y decidido para no volver a incurrir en tales situaciones.

TISANA.—Servir en sueños una tisana a una persona enferma, es buena señal de que en realidad algún familiar o amigo que se halla delicado de salud, convalecerá en breve tiempo. Si es uno mismo quien la toma, indica bienestar físico para él. Prepararla, pérdida de tiempo.

TITERES.—Si sueña con títeres, procure estar atento a una proposición que se le hará, la cual deberá desechar para evitarse disgustos o contrariedades.

TIZON.—Debes desconfiar de consejos que pueden resultarte perjudiciales. Tu criterio vale mucho más que éstos y tú bien has de saber el camino que debes seguir.

TOALLA.—Soñar una toalla, es un claro aviso de que usted no tiene que confiar en algunos parientes o amigos que le rodean y a quienes piensa recurrir en un momento de necesidad solicitando su ayuda. Procure evitar su concurso para no tener que hallarse ante ellos en violenta situación y pasar vergüenza.

TOCADOR.—Verse ante el espejo de un tocador, significa que existe un grave peligro, tal vez de muerte, para un familiar o amigo.

TOCINO.—Si en sueños ve usted lonjas de tocino, es indicio de que es persona desordenada y que debe rectificar su proceder para rehacer su vida. Desde luego, no confíe en loterías de las que sólo sacará... dinero de su bolsillo.

TOLDO.—El problema que tienes y las preocupaciones que te embargan, pronto llegarán a su fin.

TOMATE.—Este sueño indica que no debes arriesgarte a hacer ninguna apuesta como, por regla general, acostumbras hacer.

TONEL.—Ver un tonel lleno, anuncio de prosperidad. Pero si estuviera vacío, apuros financieros.

TONTERIA.—Soñar que ante una persona o en una reunión estás diciendo o haciendo tonterías, debes procurar cuidarte para evitar que alguien se aproveche y abuse de tu situación.

TOPACIO.—Si se sueña con la piedra preciosa llamada topacio, es señal de bienestar y éxitos. Ahora bien: para conseguir tal felicidad, debes ocuparte con más ahínco de tu trabajo o negocio, eludiendo a algún que otro amigo que puede perjudicarte.

TOPO.—Ver en sueños un topo, es aviso de que tendrás que cuidar más tus negocios, ya que te rodea una persona que socava tu tranquilidad tratando de perjudicarte.

TORAX.—Si en el sueño aparece uno mismo con un tórax muy desarrollado, simbolizando su salud y fueza, pronto recibirá pro

siciones de un amigo o familiar que le apoyará en el logro
sus propósitos.

NILLO.—Ver tornillos o manipularlos, es augurio de éxito
los negocios y triunfo en amores.

NO.—Trabajar en un torno, anuncio de peligros que podrá
itar tomando debidas precauciones.

O.—Soñar con un toro, significa que usted recibirá inespe-
dos beneficios de un alto personaje. Verlos reunidos en ma-
da, se le presentarán asuntos molestos de los que por fortuna
brá de salir usted airoso. Ver al toro muerto, es señal de
iso de que no debe inmiscuirse en inconvenientes proposicio-
s. Si lo ve lidiar en un coso taurino, desconfíe de ciertas amis-
des que le invitarán a formar parte de un negocio.

RE.—Habitar en una torre, vaticina reclusión en cárcel o en
ma. Simplemente verla, indicio de leves contrariedades. So-
ar que otra persona sube a una torre, es demostración de que
persona que esto sueña es rebelde e indisciplinada.

RENTE.—Sueño de mal augurio, ya que si la persona que lo
eña se cae en él, podrán presentársele muchos peligros.

TA.—Ver o comer tortas en sueños, es señal de que habrán
e presentársele disgustos familiares, aunque no de mucha tras-
encia.

TILLA.—Comer tortillas de maíz en sueños, indicio de que
muy pronto habrán de realizarse sus deseos y esperanzas.
i la tortilla fuera de huevo, augura la separación, por muerte
viaje al extranjero, de una persona con la que le unía un afecto
si familiar.

TOLA.—Soñar con tórtolas, indica perfecta armonía entre es-
osos y halagadoras promesas entre solteros, las cuales habrán
e llevarse bien pronto a cabo.

TUGA. –Ver tortugas o comer su carne en sueños, significa
ue nuestros asuntos no andan lo bien que desearíamos. Soñar

que está parada, sin movimiento, su negocio marchará tal co
lo habíamos soñado en la vida real.

TOS.—Si escucha en sueños a una persona tosiendo, procure s
discreto en sus palabras y acciones, pues cualquier indiscreci
puede acarrearle muchos sinsabores. Si es usted quien tose,
dica que si nota que está perdiendo algunas de su amistade
es debido a que éstas se alejan por su egoísta proceder.

TRABAJADOR.—Si se sueñan obreros dedicados a su trabajo,
señal de que marcharán bien sus negocios. Pagarles su ray
es demostración de que usted es un buen patrono que los tra
con delicadeza y vela por el bien de ellos. Si sueña que los de
pide, unos vecinos de usted pasarán por un grave aprieto.

TRABAJO.—Ser uno mismo quien trabaja, indicio de que está p
sando necesidades y busca vencer su agobiante situación. Si
trabajo que ejecuta es muy rudo o pesado, su estado no tarda
en cambiar y saldrá triunfante de penas y fatigas.

TRAGEDIA.—Soñar ver, representar o hallarse en una tragedi
indica que algunas personas se separarán de usted por motiv
que usted mismo no habrá de ignorar.

TRAICION.—Si es un hombre quien sueña que alguien le hace un
traición, deeberá cuidarse de las gentes que le rodean. En
caso de soñarlo una mujer, por más que murmuren o digan d
ella, su conciencia habrá de permanecer tranquila.

TRAJE.—Si el traje que uno sueña es viejo, raído o indecoroso, au
gura penas y sinsabores. En cambio, si éste es nuevo y elegant
indica todo lo contrario. Soñar que se tienen muchos trajes e
el guardaropa, vaticina melancolía y tristeza.

TRAMPA.—Caer en una trampa, no precisamente para cazar an
males, sino en un egaño, es señal de malos negocios.

TRANVIA.—Tanto sus asuntos, sus deseos, proyectos de viaje, etc
que usted tiene pendientes, no tardarán en solucionarse favor
blemente.

192

TRAPERO.—Soñar con un trapero, es anuncio de intrigas y disgustos con alguna mujer.

TRAPO.—Ver trapos en sueños, indican que no tardarán en saber un secreto que ha dejado de serlo al ser divulgado por malas lenguas y sedicentes amigos.

TRAVESURA.—Sabrás de un feliz descubrimiento y la realización de una boda que mucho habrá de alegrarte.

TREBOL.—Soñar que uno está en el campo cogiendo tréboles, augura dinero en cantidad. Si encuentras un trébol de cuatro hojas, tu suerte será infinita. Los que aparecen en las cartas de juego francesas, son también símbolo de felices agüeros.

TRENZA.—La mujer que soñare llevar trenzas, conocerá a un hombre del que se enamorará, aunque no llegará a casarse con él.

TRIANGULO.—Si en sueños ves un triángulo, indica que tu vejez será apacible y serena en justo pago a tus merecimientos.

TRIBUNAL.—Hallarse ante un tribunal, es indicio de que peligra nuestro trabajo o negocio y habrá de tomar las mayores precauciones.

TRIGO.—Es un magnífico sueño ver trigo, ya que este cereal simboliza fortaleza, riqueza y abundancia, tanto física como moral. Verlo en la espiga, significa prosperidad y bienestar. Recolectarlo y almacenarlo, salud y honores. Si en sueños otra persona te lo ofrece, recibirás un delicado regalo.

TRINEO.—Ir en un trineo, es señal de que realizarás próximamente un hermoso y delicioso viaje.

TRIPAS.—Si vemos una persona o animal con las tripas afuera, es indicio de reyertas conyugales. Comerlas, anuncio de herencia en puerta.

TRISTEZA.—Si uno sueña que se halla muy triste a causa de disgustos o enfermedad, a la mañana siguiente, al despertar, recibirá gratas noticias que habrán de contentarle.

TRIUNFO.—Soñar que se triunfa en cualquier empresa, señal de triunfos verdaderos en la vida real.

TROFEO.—Ganar un trofeo en sueños, indicio de llegada de magníficos acontecimentos. En el caso de perderlo, hay que tener cuidado con los rateros.

TROMPETA.—Oír o tocar la trompeta, es anuncio de que en breve recibirá gratas noticias que habrán de beneficiarle.

TRONCO.—Ver un tronco, augurio de penurias y necesidades para la persona que lo sueño. Apoderarse de él, indicio de que el dinero que recibas no es ganado con honestidad. En el caso de proyectar un negocio, debes procurar llevarlo a cabo después de haber pensado mucho sus ventajas o inconvenientes.

TRONO.—Estar sentado en un trono, es señal de que recibirás honores y agasajos en justo premio a tu meritorio y honrado proceder en tu trabajo.

TRUCHA.—Si sueñas que estás pescándolas, significa que se suscitarán en tu hogar leves cuestiones familiares. Soñar que las comes, segura boda en puerta.

TRUENO.—Oír truenos, hemos de procurar evitar disputas o reyertas que podrían causarnos mucho daño en el caso de no poder librarnos de ellas.

TUBO.—Soñar con un tubo o una instalación de ellos, indica que la mala situación por que atravesamos ha llegado a afectar tanto nuestro sistema nervioso, que habremos de procurar atender nuestro anormal estado para evitar lamentables consecuencias.

TUERTO.—Ver en sueños a una persona tuerta, es aviso de indeseable estabilidad en nuestro trabajo sin esperanzas de mejorar en él, o bien de pérdidas en los negocios. Si quien sueña fuera el tuerto, indicio de penas y contrariedades.

TULIPAN.—Ver un tulipán, augura salud y dicha, las cuales habrán de ser mayores cuanto más hermosa la flor se le presente en su sueño.

TULLIDO.—Si es uno mismo quien se ve tullido, indicio de riquezas y bienestar. Si el tullido fuera un amigo o desconocido, augura que se le presentarán problemas y dificultades.

TUMBA.—Verse quien sueña que es a él mismo a quien entierran, es sueño agradable, ya que le vaticina una larga y feliz vida. Si se ve cavando su propia tumba, anuncio de casamiento, pero en el caso de estar ya casado, augurio de disgustos y penalidades.

TUMULTO.—Hallarse en sueños entre un tumulto, es signo de estar de mal humor e incluso predispuesto a la cólera. Reprima su pasajero estado y de momento procure separarse de personas cuya presencia o actuación y comportamiento puedan irritarle.

TUNEL.—Si soñamos con un tunel, es indicación de que el negocio en que estamos metidos habrá de ser motivo de nuestra preocupación y constancia para salir triunfante en él.

TUNICA.—Para la persona que en sueños la viste, vaticina trabajos e inconvenientes.

TURBANTE.—Llevar en sueños un turbante, es significado de que algún amigo suyo podrá causarle perjuicios dando malas referencias de usted. Ver a una persona con el turbante puesto, es señal de que alguien vendrá a proponerle algún negocio, aunque con deseos de perjudicarle.

TURCO.—Si sueña con un natural de Turquía, tendrá usted que seguir las advertencias y consejos de familiares y amigos que tratan de desengañarle de un proyecto o negocio que tiene o piensa emprender, en el cual fracasaría.

TUTOR.—Soñar que es usted tutor de alguna persona, indica que su casa estará de plácemes por alegrías o beneficios que pronto habrá de recibir.

U

U BRES.—Soñar con ubres llenas, indicio de abundancia y prosperidad. Si estuvieran exhaustas, carencia de trabajo y de dinero.

UJIER.—Este sueño es una advertencia de que no debes alternar con gentes violentas, so pena de hallarte metido entre pleitos.

ULCERA.—Verlas en otra persona o tenerlas uno mismo, habras de preocuparte más por tus negocios si no quieres acabar en bancarrota.

ULTIMO.—Si soñamos hallarnos en último lugar en una escuela o academia, o bien en una cola, es indicio de que en la vida real llegaremos a alcanzar un primer puesto, tanto en nuestros estudios como en nuestro trabajo.

ULTRAJE.—Sentirse ultrajado en sueños, augurio de que no tardarás en recibir una grata sorpresa. En el caso de ser tú quien ultrajes a una persona, tus ilusiones y proyectos habrán de fracasar ruidosamente.

UNGÜENTO.—Si nos untan o nos untamos con él, es símbolo de prossperidad y alegría. Si somos noostros quienes aplicamos el ungüento a otra persona, recibiremos desengaños por meternos en lo que no nos importa.

UNIFORME.—Soñar hallarse vestido con un uniforme, adquirirás honores y fama.

UNIVERSIDAD.—Ver una Universidad en sueños vaticina que puedes verte envuelto en un pleito desagradable. Hallarte en ella, significa que tendrás contrariedades en tus estudios, trabajos o negocios.

UÑAS.—Si la persona que sueña tiene las uñas muy largas, es indicio de grandes provechos. En el caso de ser muy cortas, es anuncio de pérdidas y contrariedades. Augurio de deshonor para quien las corta. Si sueña que las arranca, enfermedades y aun peligro de muerte.

UÑERO.—Soñar que uno mismo tiene un molesto uñero, significa que habrás de preverte cuando por cualquier trabajo que tengas que realizar, tengas que usar herramientas.

URNA.—Si en tus sueños aparece una urna, prepárate para recibir la notificación de un próximo casamiento.

URRACA.—Una urraca viva, pronostica que serás perjudicado por un robo. Y si la vieras muerta, sentirás la pérdida de un objeto o documento que mucho estimas o tiene gran valor para ti.

USURERO.—Si sueñas que eres tú mismo un usurero, es augurio de fracasos y ruinas. Recurrir a él, disponte a pasar por una desagradable situación que habrá de causarte vergüenza.

UTILES.—Soñar con útiles en general, es cierto indicio de promesa de un trabajo que mejorará en mucho nuestra actual situación.

UVAS.—Es buen presagio soñar con uvas. Verla en racimos, renacerá en el corazón la esperanza de que llegarán a triunfar los planes e ilusiones que durante mucho tiempo hemos venido acariciando. Comerlas, es signo de bienestar y de alegría. Si es mujer quien sueña con ellas y siendo casada no tenga hijos, el Cielo habrá de favorecerle llevando a cabo su ansioso deseo.

V

VACA.—Soñar con vacas es símbolo de amparo constante, señal de bienestar y riqueza. Ordeñarla, indica que su vida continuará apacible y serena, rodeado de cariños y afectos. Si es un agricultor o ganadero quien sueña con sus vacas, tenga por cierto que sus cosechas serán espléndidas y su ganado le proporcionará grandes riquezas.

VACUNA.—Si se sueña que se da o le aplican una vacuna, significa atenciones de quienes le rodean, así como favores y beneficios.

VADO.—Atravesar un vado en sueños, vaticina ciertos peligros que usted llegará a vencer con su honradez y constancia.

VAGABUNDO.—Si un vagabundo se aparece en nuestro sueño, es señal de que habremos de ser más decididos y firmes en nuestras iniciativas si ansiamos mejorar en nuestra situación.

VAINA.—La vaina de una espada en sueños, augura rompimiento de relaciones matrimoniales o simplemente amorosas.

VAJILLA.—Soñar con vajillas, bien sean de loza, de porcelana, etc., es auguario de un existencia apacible, con salud y suficiencia de medios económicos.

VALIJA.—Una valija llena de dinero o de documentos, significa que se tendrá que ir con cuidado vigilando nuestros intereses. Si estuviera vacía, anuncio de gratos beneficios.

VALS.—Ver varias personas bailando un vals, indica breves alegrías que finalizarán en pequeños disgustos. Si en sueños es uno mismo quien baila, recibirá una grata noticia.

VALLE.—Ver en sueños un hermoso valle luciendo la esmeralda de la hierba, señala que es usted persona bondadosa y de nobles sentimientos que vive su vida con paz y tranquilidad.

VAMPIRO.—Soñar con vampiros que nos están chpando la sangre, habremos de cuidarnos de otros animales de cuatro patas que pueden causarnos algún daño imprevisto. Verlo volar, anuncia penas y dificultades.

VOZ.—Oír una voz grata que acaricia nuestro oído, es fiel anuncio de que recibirá una visita que llenará su corazón de júbilo y alegría.

VAPOR.—Viajar en un vapor en un mar apacible, indicio de que su negocio irá prosperando, aunque paulatinamente. Si el vapor llegara a hundirse en medio de una tormenta, es grave señal de dolores y fracasos o de una pérdida familiar. Ver salir vapor de agua de una caldera o de una olla, las ilusiones que se ha forjado resultarán truncadas.

VASO.—Si se sueña con un vaso, vaticina próximo compromiso o enlace matrimonial. Lleno de agua, aumento de familia. Si es de vino, consuelo para nuestras penas. De cerveza, breve viaje. Siendo de licor, fútiles aventuras amorosas. Soñar con un vaso roto, es señal de dicha y fortuna.

VECINO.—Soñar con vecinos, augurio de dificultades y enfermedad para el que sueña o para alguna persona de su familia.

VELA.—Ver en sueños una vela encedida, es señal de que habrán de sobrevenirle algunas contrariedades y penas. Si la vela estuviera apagada, pronto sabrá de la muerte de un allegado o buen amigo suyo. Tratándose de velas de un barco, recibirá en breve una gran alegría.

ELADA.—Si uno sueña que está en una velada, tanto si es fúnebre como si se trata de una fiesta nocturna, recibirá a no tardar gratas noticias y beneficios.

ELADORA.—Encender en sueños una o varias veladoras ante la imagen de un santo, será objeto de distinciones y honores.

LETA.—Ver una veleta en sueños, es advertencia de que debes velar por tu familia, la cual puede hallarse expuesta a graves contrariedades.

LIZ.—Tanto verlo, hacerlo o llevarlo, significa que harás un viaje cuando menos lo esperabas.

LO.—La persona que sueña llevar un velo, deberá guardarse de algún amigo que se dispone a traicionarle.

LLO.—Tener mucho vello en el cuerpo, es señal de que habrás de recibir gratas noticias y una respetable cantidad en dinero.

NA.—Soñar con venas, aviso es de que tu actual situación cambiará notablemente con la llegada de malos acontecimientos que alterarán la paz de tu hogar.

NADO.—Acosar un venado en sueños, augura sucesos gratos e inesperados. Verse montado en él, anuncio cierto de rápida fortuna. Matarlo y guardar su cabeza y piel como orgulloso trofeo, augurio de que alcanzará una sana y feliz vejez.

NDA.—En cualquier sueño que usted vea vendas, tanto si las lleva uno mismo u otra persona, anuncia que están prontas a terminar sus dificultades y la paz y prosperidad habrán de acompañarle durante mucho tiempo.

DER.—Si uno sueña que vende objetos inútiles y de poco valor, alcanzará una ligera mejoría en su trabajo o negocio. Vender cosas de valor, muebles, cuadros, jarrones, joyas, etc., su posición mejorará notablemente.

VENDIMIA.—Hallarse en una vendimia, es indicio de salud, bie estar, paz y goce en la familia.

VENENO.—Soñar con cualquier producto venenoso, vaticina fr casos y amarguras que pueden llevarle hasta la desesperació por lo que deberá reportarse para evitar funestas consecuencia Sin embargo, si es uno mismo quien lo toma, tus aspiraciones bellos deseos llegarán a realizarse en plazo perentorio.

VENGANZA.—Si uno sueña que acaba de vengarse de alguna p sona a quien odiaba, prepárese para verse inmiscuido en pleit y asuntos judiciales que pueden perjudicarle y alterar su modo vida actual.

VENTANA.—Ver una ventana cerrada en sueños, indica que se r presentarán muchos obstáculos, tanto en los estudios, trabajos negocios. Verla abierta, señal de protección por parte de perso importantes y pudientes. Soñar que uno/se arroja por la venta significa que si nos metemos en un pleito saldremos mal libra de él.

VENTOSA.—Soñar que a uno mismo le aplican una ventosa, se de que se encontrará con una persona amiga a quien hace tiem que no ve y tal encuentro le causará gran alegría.

VENTRILOCUO.—Un ventrílocuo en sueños, indica que un suj indeseable trata de engañarte abusando de tu buena fe. Proc guardarte de él y no confíe en sus falsas promesas.

VERDOLAGA.—Las verdolagas que se aparecen en sueños, si fican fracasos en los negocios y pérdida de dinero. También guran una dolorosa enfermedad.

VERDUGO.—Es de muy mal augurio soñar con el ejecutor de justicia, ya que es indicio de quiebras en el negocio, inter ciones judiciales o pérdida vergonzosa de su actual empleo.

VERDUGUILLO.—Si se sueña con un verduguillo o estilete, r birá gratas noticias de personas ausentes desde hace mu tiempo.

VERDURA.—Ver las verduras todavía en el campo, le anuncian que no debe desmayar ni perder las esperanzas si usted continúa trabajando con dedicación y fe. Si las ve cocinar, indicio de amor y avenien⌐ia entre la esposa o prometida.

VEREDA.—Caminar por una vereda o sendero estrecho, indica que tendrá amores ilícitos con una casada, o casado, según sea hombre o mujer quien tenga este sueño.

VERJA.—Si la verja que sueña es de madera, cierto anuncio de dinero. Si es de hierro, se presentarán obstáculos que usted habrá de salvar con su comportamiento.

VERRUGA.—Tener uno mismo las verrugas, vaticina fracasos amorosos. Verlas a otra persona, ingratitudes y desprecios.

VERTIGO.—Sentir vértigo en el sueño, es palpable demostración de que hay una persona que le rodea y trata de tenderle un lazo para perjudicarle.

VESTIDO.—Un vestido sucio y maltratado que usted vea en sueños, indicio de que será objeto de algún exabrupto por parte de un familiar o amigo. Si es elegante, limpio y nuevo, adquirirá valiosas amistades. Vestidos de colores, señal de contrariedades. Si es blanco, señal de amor y dulzura.

VETERINARIO.—Si sueña con un veterinario, vaya con cuidado con una persona que piensa pedirle dinero y que, por su situación, no podrá devolverle.

VIAJE.—Soñar que uno mismo se dispone a emprender un viaje, si lo hace a pie, señal de obstáculos insuperables; a caballo, buena fortuna; en cualquier vehículo, felicidad.

VIBORA.—Si se sueña con tan asqueroso reptil, es señal de perfidias y traiciones. Si la vemos enroscada, contratiempos y enfermedades. Sólo si logramos matarla, podremos librarnos de todos los peligros.

VIDRIO.—Vidrios rotos, señal de noticias que nos llenarán de congoja.

VIEJO.—Soñar ser viejo siendo uno joven, significa respeto y consideración. Ver un viejo, aceptemos los consejos que puedan darnos.

VIENTO.—Si el viento que sentimos en sueño es suave, cual leve brisa, recibiremos buenas noticias que nos llenarán de contento. En cambio, si el viento fuera fuerte, es presagio de inquietudes y molestas situaciones.

VIENTRE.—Ver el vientre de una mujer, es indicio de desavenencias hogareñas y dificultades fuera de la casa.

VIGA.—La persona que sueñe con vigas de una vieja casona, será objeto de francas demostraciones de agradecimiento por parte de unos amigos a quienes prestó su desinteresada ayuda en tiempos de necesidad. Si las vigas con las que sueña están carcomidas y a punto de caer, indica gran sentimiento por la pérdida de un ser querido. Vigas quemadas, es señal de graves desavenencias conyugales.

VILLA.—Si se sueña con una hermosa villa, es indicio de un próximo, agradable y tal vez fructífero viaje. Pero si llegamos a atravesarla, sufriremos algunas pequeñas molestias en el viaje.

VINAGRE.—Beberlo en sueños, anuncio de dificultades con algún pariente o amigo, provocadas por habladurías sin trascendencia las cuales habremos de procurar evitar interpretando a tiempo este sueño.

VINO.—Soñar con vino, augura por lo general prosperidad y satisfacciones. Beberlo en vaso, símbolo de salud. Verlo embotellado, señal de vejez apacible. Si el vino llegara a alegrarnos cuente con la protección de una persona que le estima.

VIÑEDO.—Ver un viñedo en sueños, augurio de satisfacción y alegría. Si está lleno de racimos de uva, todos los problemas que usted pueda tener se solucionarán en breve y todos sus deseos esperanzas se verán cumplidas.

OLETA.—Soñar con violetas, es símbolo de que su bondad crea innumerables y firmes afectos entre sus amistades. Si usted las coge y las huele, es anuncio de próximo enlace.

OLIN.—Ver en sueños un violín, es augurio de bienestar y paz espiritual. En el caso de oír tocarlo, pronto recibirá noticias de un amigo querido a quien no veía desde hace algunos años.

RGEN.—En cualquier forma o lugar que usted vea una Virgen en sueños, vaticina dicha y felicidad, sentimientos de bondad, amor de familia y sinceros afectos de sus amistades.

SITA.—Si usted va de visita, cumplimentando sus deberes familiares o sociales, mantendremos el cariño y consideración de las personas visitadas. Si es alguna de estas personas quien nos visita, augura próximo conocimiento de un hombre o mujer que habremos de aceptar en fecha no muy lejana como una gran amistad que puede ser imperecedera. Y si recibimos la visita de un médico, señal de felicidad inesperada.

UDEZ.—Sea un hombre o mujer quien sueñe que es viudo, es seguro vaticinio de larga y feliz vida matrimonial.

OLANTE.—Soñar que uno mismo está ante el volante de un automóvil, es indicio de que tanto en su trabajo como en su negocio, llegará a triunfa. pone empeño en ello.

OLAR.—Si usted sueña que contrarrestando la ley de gravedad puede desplazarse en el aire, pronto habrá un cambio muy favorable en su vida. Volar en avión, también indica ascenso y bienestar en su trabajo o negocio.

OLCAN.—Ver un volcán en plena actividad, es indicio de que se suscitarán discusiones en el seno del hogar. Si estuviera apagado, alguna persona tratará de difamarle, aunque sus acusaciones le resultarán fallidas y saldrá triunfante su honradez.

OLUNTARIO.—Si la persona que sueña se ofrece como voluntario en el ejército o para realizar alguna empresa difícil, recibirá honores y satisfacciones.

OMITO.—Soñarlo es augurio de grandes necesidades y apuros.

Y

YATAGAN.—Soñar con esta arma turco o árabe, a modo de espada, indica violencias y deseos de venganza. Procure quien la sueñe reprimir sus ímpetus vengativos so pena de hallarse entre riñas y peligros.

YATE.—Viajar en un yate, indicio de que sufres delirio de grandezas, los cuales debes corregir y ser más modesto en tus aspiraciones si quieres triunfar en la vida. Verlo partir, es anuncio de fracasos en tus negocios y desavenencias familiares.

YEDRA.—Ver la yedra que cubre las tapias o paredes, es señal de que debes aprovechar los proyectos o trabajos que te puede ofrecer un buen amigo tuyo. Si la yedra estuviera seca, habrás de vigilar tu negocio para evitar ser víctima de una estafa.

YEGUA.—Si sueñas con una yengua de buena estampa, indica que tu esposa o novia son personas buenas y agradecidas. Ver una yegua flaca y esmirriada, una mujer se meterá en tu vida causándote serios disgustos. Si cocea, signo de habladurías y traiciones.

YEGUADA.—Ver reunidas varias yeguas, indicio de satisfacciones en la juventud, aunque una vejez triste y desolada.

YEMA.—Si en su sueño está usted comiendo la yema de un huevo, señal de contrariedades, a menos que cambie su actual modo de vivir. Si la yema se desparrama, anuncio de éxito en el trabajo, negocio o estudios.

YERMO.—Soñar con un lugar yermo, sin árboles ni agua, augur desengaños, tristezas y mala situación.

YERNO —La persona que sueñe con un yerno suyo, significa qu habrá de pasar disgustos, a menos que ponga una mayor ded cación en el trabajo o negocio que tiene.

YESO.—Este sueño es anuncio de noticias de familiares ausente las cuales no serán por desgracia muy halagadoras.

YUGOS.—Presagio de un matrimonio feliz, con salud y bienest hogareño, siempre que entre los cónyuges no se cometan infid lidades.

YUNQUE.—Ver un yunque, indicio de que el trabajo que actua mente lleva a cabo habrá de proporcionarle provecho y bienest Estar trabajando en él, señal de que con su constancia y tenacid alcanzará la meta que se propone, disfrutando de buena sal y posición social.

Z

ZAFIRO.—Si se sueña con tan hermosa piedra preciosa, es claro anuncio de favores, regalos y amistad.

ZANAHORIA.—Soñar con zanahorias, si las siembra le pedirán dinero prestado; si las recoge, será usted quien tendrá que recurrir a hacer un préstamo a persona amiga. Comer zonahorias en sueños, es indicio de que conseguirá algunas ventajas en su actual situación que pueden mejorar su vida.

ZANCOS.—Sea prudente en sus actuaciones y comportamiento si no quiere cometer un grave error de insospechadas consecuencias.

ZANGANO.—Ver zánganos, es como una segura advertencia de que debes apartarte de cierta amistad que sólo trata de explotarte sacándote dinero. Además, si alguna persona te propone algún negocio, anda con cuidado para que no te estafen.

ZANJA.—Caerse en una zanja, indicio de que alguien busca hacerte víctima de un engaño. Saltarla, señal de grave peligro en puerta. Estar uno mismo cavando una zanja, anuncio de bienes de fortuna. Cubrirla de tierra, pérdida en el trabajo y en el negocio.

ZAPAPICO.—Si sueñas con un zapapico, desconfía de conseguir dinero jugando a la lotería, ya que tu suerte y bienestar habrás de lograrlos con el trabajo honrado, aun a base de sacrificios.

ZAPATERO.—Si tu oficio no es el de zapatero y sueñas que haces zapatos, alguien en que confiabas habrá de traicionarte.

ZAPATILLAS.—Soñar con zapatillas, augurio de disgustos. Qu... társelas, indicio de riñas y violencias. En cambio, si se las pon... es señal de comodidades y buena vida.

ZAPATOS.—Zapatos nuevos, señal de beneficios. Si los zapatos q... lleva están desgastados por el uso, pobreza momentánea.

ZARCILLOS.—Una joven que sueñe con unos zarcillos, no tardar... en contraer ventajoso matrimonio. Si se tratara de una casad... este sueño significa que tendrá disgustos con el esposo.

ZARPAR.—Ver en sueños zarpar un buque, es indicio de que bie... pronto realizará un placentero viaje.

ZARZAMORA.—Si usted sueña que come zarzamoras, vaticina qu... recibirá gratas noticias que habrá de llenarle de alegría y felic... dad.

ZIGZAG.—Caminar en zigzag, es augurio de que debemos desco... fiar de consejos de personas que tratan de inmiscuirnos en vano... proyectos o negocios que podrían llevarnos a la ruina. Ver a al... guien que anda por la calle haciendo zigzags, sufriremos contra... riedades de las que uno mismo tendrá la culpa por su ma... comportamiento.

ZODIACO.—Soñar con cualesquiera de los signos del Zodíaco, se... ñala bienestar, felicidad y éxito en los estudios, trabajos o nego... cios.

ZORRA.—Ver una zorra en sueños, nos predice traiciones y mal... dades. Si la vemos correr, habremos de tener cuidado con lo... empleados que nos rodean. Perseguirla, alguien quiere estafarno... o robarnos. Si la zorra estuviera acechando alguna presa, augu... rio de enfermedad. En caso de matarla, traición de un fals... amigo.

ZUAVO.—Si vemos un zuavo en sueños, recibiremos noticias de u... pariente o amigo lejano que nos llenarán de alegría. Si es uno... mismo quien se ve vestido de zuavo, anuncia un próximo viaje.

ZUECOS.—Calzar zuecos, estancamiento en nuestra actual situa... ción. Ver a otra persona que los calza, mucho mejorará el estado en que al presente se halla. Si fuera un niño quien los llevara, augurio de buena salud.

JMBIDO.—Oír a través de nuestro sueño molestos zumbidos, es aviso de que debes desconfiar de una persona que trata de sorprender tu buena fe y de la cual debes cuidarte tomando las necesarias precauciones.

JRCIDO.—Si ves a alguien zurciendo ropa, calcetines, etc., recibirás la satisfacción de que un familiar tuyo triunfará en una empresa que ha emprendido. Si eres tú quien zurces, obtendrás beneficios en tus negocios.

JRDO.—Desconfía de un amigo que te rodea y halaga con buenas promesas. Mantente precavido y obra con conocimiento de causa.

F I N

Edición 3,000 ejemplares
DICiEMBRE 1992
IMPRESORA LORENZANA
Cafetal 661, Col. Granjas México